R-19 Maria Kübitzhek
2001

Ruth Maria
Kubitschek
Ein Troll in
meinem
Garten

Ruth Maria Kubitschek
Ein Troll in meinem Garten

nymphenburger

Besuchen Sie uns im Internet unter http://www.herbig.net

1. Auflage Februar 2002
2. Auflage März 2002

Schutzumschlag: Wolfgang Heinzel
Schutzumschlagbild und Vor- und Nachsatz:
Ruth Maria Kubitschek
Schutzumschlagfoto: Barbara Ellen Volkmer, München
Satz: Filmsatz Schröter GmbH, München
Gesetzt aus der New Caledonia 13/16,5 Punkt
Druck und Binden: Westermann Druck Zwickau GmbH
Printed in Germany
ISBN 3-485-00904-0

Allen Flüssen und Seen
unserer Erde gewidmet
Ihre
Ruth Maria Kubitschek

Im Naturtempel
von Valldall

Wir Menschen wissen nicht mehr, dass jede Landschaft, jedes Tal oder Gebirge einen Naturtempel beherbergt. Hier im Land der Mittsommernächte erinnern diese Naturtempel an griechische Amphitheater, zu deren Füßen schöne Wiesen liegen, von denen Treppen aufsteigen. Alles ist mit dickem, grünem Moos überzogen und zeugt von einer harmonisch schwingenden Architektur.

Hier versammeln sich allabendlich die Wesen der Natur zum Austausch ihrer Erlebnisse – zu Gesprächen und zum Tanz. Die Musiker unter ihnen, es sind meistens die großen Baumelben, musizieren auf einer Art Baumharfe, die aus einem gebogenen Holz mit Saiten von wilden Lianen gefertigt ist. Die kleinen Gnome haben Trommeln und Zimbeln.

Die Kinder dürfen bei den Alten sitzen und lauschen hingebungsvoll den Erzählungen der alten Waldfrau. Sie erzählt von den Zeiten, als Menschen und Naturwesen noch miteinander in ebendiesen Tempeln den Abend feierten. Es gibt diese Naturtempel überall auf der Welt, doch haben die Menschen verlernt, sie wahrzunehmen.

Hier in Norwegen an einem schönen Fjord mit schneebedeckten Bergen, blühenden Wiesen, vielen Ziegen und Schafen, wenigen Menschen und wenigen Autos ist die Welt der Naturwesen noch einigermaßen in Ordnung. Besonders die Wasserfälle der Quellnymphen und der Feen vom Berge sind von einer atemberaubenden Schönheit.

An den silbernen Haaren der Feen gleitet und sprüht das Wasser in die Tiefe. Manchmal schütteln sie ihre langen Haare vom Nacken her auf, dann sprüht die Gischt in die ganze Umgebung. Sie lieben es ganz besonders, wenn der Wind in ihren Haaren spielt und das Wasser hoch aufwirbelnd weiterträgt.

Die Wassernymphen springen in den weißen Schaum der Wildwasser, lassen sich eine Weile stromabwärts treiben und fließen lachend wieder zurück, sonnen sich auf den Felsen und betrachten ihr Spiegelbild im Wasser.

Mit der Einsamkeit und Ruhe war es vorbei, als am Ufer des Sees, dort wo der Wasserfall tosend landet, ein Holzhaus gebaut wurde. Menschen kamen, betrachteten den Wasserfall, hatten schwarze Kästchen in ihren Händen, die sie auf den Wasserfall richteten, und lobten die Schönheit und Wildheit der Natur.

Die Feen versteckten sich hinter ihren Silberhaaren, die Nymphen hinter ihren Felsen. Die wilden trutzigen Bergtrolle brachen in großes Gelächter aus: »Ihr braucht euch nicht zu verstecken, sie sehen euch sowieso nicht. Und glaubt ihr denn tatsächlich, dass Menschen in unser Heiligtum ziehen? Die wissen ja gar nicht, wo sie hier sind.«

Die Feen waren trotzdem sehr besorgt und baten die Trolle von Valldall auszukundschaften, was hier vor sich ginge und ob das für sie eine Gefahr bedeutete.

Die verwegenen Trolle, die sonst nicht besonders ernst genommen wurden, da meistens nur Dummheiten in ihren struppigen Köpfen herumspazierten, waren hocherfreut über diese Aufgabe und berieten aufgeregt, wie sie es am besten anstellen könnten herauszufinden, weshalb die Hütte da am Wasser in ihren Tempel hineingebaut werden sollte.

Der Obertroll Finn schüttelte seine roten Haare, schnupperte mit seiner roten Knollennase in die Luft und meinte schlau: »Wir müssen die Menschen verfolgen, sehen, wo sie wohnen, und ihre Gespräche belauschen.«

Begeistert brüllten die Trolle von Valldall Beifall und schon bald kullerten und sprangen sie hinter dem Auto der Menschen her.

Das Auto hielt in dem Dorf aus alten Hütten, die von Menschen schon lange nicht mehr bewohnt wurden und die als Museum dienten. Finn meinte: »Die werden doch bei uns nicht auch so ein Museum bauen!«

Als sich Finn, der wirklich mehr als schlau war, dann umblickte, kam er aus dem Staunen nicht mehr heraus. Da standen viele Autos und lustig aussehende Männer mit nacktem Oberkörper trugen große Metallgegenstände in eines der Häuser.

Finn verfolgte alles, was die Menschen da machten, und befahl seinem Trollkollegen, sich ruhig auf die Wiese zu setzen und die Augen offen zu halten.

Er selbst ging mutig in das Haus, in dem sich anscheinend das ganze Geschehen abspielte. Er musste in die Knie gehen und vorsichtig hineinrutschen, da die Haustüre sehr niedrig war. Er dachte: Bloß nicht mit den Menschen zusammenrumpeln.

9

Er setzte sich auf das Sofa neben eine hübsche Frau und beobachtete aufmerksam das Geschehen. Die arme Frau neben ihm weinte und sprach von einem Sohn und ein großes schwarzes Ding fuhr hin und her und ein Mann gab den Befehl: »Ruhe – Aufnahme – Ton ab – bitte!«

Finn fand das hochinteressant, er saß mittendrin und keiner sah und fühlte ihn. Die Frau neben ihm weinte immer mehr und alles wurde immer und immer wieder wiederholt.

Finn war so fasziniert, dass er seine eigentliche Aufgabe und auch die Kollegen draußen vor der Tür völlig vergaß.

Potz, Trotz, Trolli, war das aufregend! Dieses schwarze Ding hätte er zu gern auseinander genommen, um zu sehen, was sich in seinem Inneren abspielte.

Der Mann, der die Hütte gebaut hatte, erzählte jetzt dem Meister, der hier scheinbar von allen anderen geachtet wurde, dass die Hütte in fünf Tagen für die Szenen bereit wäre und das ganze Team umziehen könne.

»Oh, in fünf Tagen – muss ich mir merken. In fünf Tagen kommt das Team zu uns.«

Finn wunderte sich über sich selbst, dass er eine völlig andere Sprache verstand. Er klopfte der Frau, die immerfort geweint hatte, anerkennend auf die Schulter und rutschte vorsichtig auf den Knien, um nichts zu beschädigen, über das ganze Zeug aus der Hütte.

Seine Trollis saßen gelangweilt auf der Wiese, weil sie nichts, aber auch gar nichts Aufregendes mitbekommen hatten.

»Kommt, ihr Dummbeutel, und merkt euch, das Team kommt in fünf Tagen und merkt euch das Wort Szene.«

Sie sprangen, hüpften und rannten aufgeregt zum Naturtempel zurück und sangen laut: »In fünf Tagen kommt das Team zu uns und die Szene findet statt«, um ja kein einziges Wort zu vergessen.

Alle Naturwesen saßen schon erwartungsvoll im Tempel. Die Feen hatten mit den Ältesten über die nahende Gefahr gesprochen und erzählt, dass sie die Trolle als Kundschafter ausgeschickt hatten. Ungläubig schaute der älteste Meister sie an.

»Ausgerechnet die Trolle, die haben doch nur Dummheiten im Kopf.«

Und da kamen die Trolle auch schon laut singend und brüllend angepurzelt.

»In fünf Tagen ist das Team bei uns für eine Szene«, sprudelte Finn stolz heraus.

»Sie sprechen eine andere Sprache, sind vollkommen verrückte Menschen, die in einen schwarzen Kasten hineinweinen und immer dasselbe wiederholen und der Meister sagt: ›Ruhe – Aufnahme – Ton ab – bitte!‹ und alle gehorchen. Wirklich sehr eindrucksvoll.«

Finns Brust schwoll ob seiner Wichtigkeit zu voller Größe an, denn alles hörte ihm gespannt zu. Selbst der älteste Meister sah ihn aufmerksam an.

»Was sind das für Menschen, was wollen sie hier mit dem Team und der Szene?«, fragte der älteste Meister.

Finn kratzte sich am Kopf und meinte: »Da sie alles in dieses schwarze Ding hineinstopfen, werden sie vielleicht nicht für immer bleiben. Wenn ich so richtig nachdenke, haben sie etwas gespielt, ja, sie haben gespielt, immer wieder das Gleiche, und so lange, bis der Meister sagte: ›Gut – aus – gestorben.‹ Ja, er sagte: ›Gut – aus – gestorben.‹«

Die anmutige Fee vom hohen Berge kam auf Finn zu. Ihr silberner Körper glitzerte und flimmerte, ihre großen, blauen Augen lächelten Finn an und sie sprühte eine frische Brise über seinen Kopf: »Möge deine Intelligenz gesegnet sein. Finn, du solltest studieren! Wir sind sehr stolz auf dich und auch auf euch, ihr Trolle.«

Sie drehte sich zu allen anwesenden Naturwesen und sagte mit ruhiger Stimme: »Ihr müsst wissen, die Menschen drehen einen Film. Das bedeutet keine Gefahr. Ich habe dies schon oft erlebt. Sie bleiben eine Weile und sind sehr lustig oder traurig; ›Künstler‹ nennt man sie oder auch ›Schauspieler‹. Irgendwann gehen sie dann wieder. Weiterhin müsst ihr wissen, dass die Menschen diese Art von Unterhaltung lieben. Sie verbringen zu Hause viel Zeit damit, in einen großen schwarzen Kasten zu schauen. Die Filme, die da gespielt werden, bringen ihnen das Leben ins Haus. Auch die Natur und ihre Schönheit bewundern sie zu Hause in dem Kasten. Früher, ganz früher, saßen wir noch jeden Abend gemeinsam in den großen Naturtheatern und spielten miteinander und unterhielten uns – ja, und wir liebten uns auch. Es gab große erschütternde Liebesgeschichten zwischen Feen und Menschen. Doch ist dies alles schon lange her.

Ihr könnt beruhigt sein. Genießt noch die hellen Nächte, vergnügt euch. Wenn die Menschen in unseren Tempel kommen, wollen wir sie gewähren lassen und uns unter sie mischen.

12

Vielleicht können wir etwas von ihnen lernen. Auf alle Fälle wollen wir sie segnen.«

Finn schaute die Fee vom hohen Berge mit hingebungsvollen Augen an. Sie hatte seine Intelligenz gesegnet. Er durfte das Wort nicht vergessen. Intelligenz. Und studieren sollte er.

Er musste sie unbedingt fragen, wo und wie. Doch das konnte warten, denn im Moment interessierte ihn nur das Team und die Szene.

An diesem Abend war Finn, der Troll, der Star der Runde. Immer wieder erzählte er seine Geschichte, dass er mitten im Geschehen gesessen, ihn jedoch keiner bemerkt hatte. Vielleicht hatte man allerdings sein Gesicht in dem schwarzen Kasten festgehalten und die Menschen zu Hause würden ihn dann sehen. Das war vielleicht eine aufregende Geschichte.

Er genoss es immer wieder, die ihm bis dahin unbekannten Wörter zu wiederholen.

Und erst ganz spät legte sich Finn in sein Moosbett und schnarchte zufrieden bis in den Morgen.

Die Sonne ging über den Bergen von Valldall auf und ihr wärmender Strahl fiel in die eiskalten Wasser. Sie durchglitzerte die Wasserfälle mit Tausenden von Lichtern und die Natur erwachte. Der Löwenzahn öffnete seine goldgelben Blüten, der Flieder fing an zu duften, die Vögel flogen aufgeregt herum und bauten an ihren Nestern.

Und auch Finn kitzelten die ersten Sonnenstrahlen an seiner Knollennase, doch er wurde und wurde nicht wach.

Seine Trollfreunde saßen schon aufgeregt um ihn herum. Sie wollten etwas erleben, sahen jedoch mit Respekt auf den noch laut schnarchenden Finn.

Da schickte die Fee vom hohen Berge mit einem Windstoß einen sprühenden Strahl eiskalten Wassers über Finns verzottel-tes Haupthaar und mit einem lauten Schrei: »Wer war das?« sprang Finn auf seine großen Füße.

Ein silberhelles Lachen erfüllte die Luft.

»Ich war das, Finn, wach auf! Deine Intelligenz möge geseg-net sein und wachsen.«

Finn war sofort hellwach, als er das Wort Intelligenz hörte. Er verbeugte sich in Richtung Wasserfall, denn er hatte ja jetzt die Verpflichtung, intelligent zu sein. So ganz verstand er den Sinn des Wortes noch nicht, aber schlau wie er war, ahnte er schon, dass es etwas mit seinem raschen Denken zu tun hatte.

Er wandte sich zu seinen Kollegen: »Guten Morgen. Kommt, ihr meine Trollherren, folgt mir stehenden Fußes und raschen Schrittes zum Team.«

Seine Trollkollegen fühlten sich natürlich hoch geehrt, dass Finn sie so höflich ansprach. Meistens sagte er nämlich nur: »Kommt, ihr Dummbeutel, machen wir irgendetwas Schlaues aus unserem Tag!«

Im Nu waren sie wieder bei diesem Team in dem einsamen Dorf aus alten Hütten.

Ein riesiges Gefährt, auf dem der schwarze Kasten mit dem roten leuchtenden Auge montiert war, fuhr die kleine Straße entlang.

»Du schwenkst falsch! Das ist die falsche Richtung«, schrie

der Meister zu dem Mann am schwarzen Kasten, «Jennifer kommt von links.»

Finn hatte einen neuen Satz: Du schwenkst falsch.

Er schaute sich Jennifer genau an. Das war nicht die Frau, die immer geweint hatte. Diese hier war jung und sprach immerzu von Wahrheit. Sie wolle jetzt endlich die Wahrheit erfahren.

Intelligent wie er war, lief er immer neben Jennifer her. Sie hatte einen vorgegebenen Weg zu gehen, damit der schwarze Kasten sie einfangen konnte. Am Ende sprang sie in ein Auto und fuhr davon. Ins Auto folgte Finn ihr nicht. Er traute diesem silbern glänzenden Ding nicht. Am Ende ginge es noch kaputt, wenn er mit aufsprang.

Jennifer kam dann immer wieder zurück.

Finn dachte: Das sind vielleicht langweilige Spiele! Sie wiederholen alles immer und immer wieder.

Auf einmal kam ein Mädchen mit einem großen Messer aus dem Haus und rannte auf einen jungen Mann zu und alle schrien! Finn wollte dem jungen Mann zu Hilfe eilen, er schrie: »Achtung«, doch keiner hörte ihn. Finn sprang verzweifelt zwischen den Spielenden hin und her. Keiner bemerkte ihn. Und ganz allmählich ging ihm das wirklich auf die Nerven.

Warum waren diese Menschen nur so blind und sahen ihn, den intelligenten Finn, nicht? Hoffentlich sah ihn wenigstens der schwarze Kasten. Was würden die sich wundern zu Hause auf dem Sofa, wenn er zwischen den Szenen immerfort auftauchte! Das wäre doch ein großer Spaß!

Finn fand diese Spielerei mit der Zeit trotzdem entsetzlich

langweilig und er gesellte sich wieder zu seinen Trollherren, die am Abhang herumlungerten.

Einer seiner Trollkollegen fragte ihn etwas müde: »Findest du das nun intelligent?«

»Intelligent, intelligent«, ereiferte sich Finn, »was ist schon intelligent?« Und seine Trollherren brüllten begeistert Beifall.

Das war gerade in dem Moment, als der Meister der Szene schrie: »Ruhe – Aufnahme – Ruhe – Ton ab – bitte!«

Doch sosehr sie sich auch bemühten, die Szene durch lautes Gebrüll und Gelächter zu stören, es war umsonst. Man hörte sie nicht.

Finn meinte nach einer langen Weile: »Kommt, ihr Dummbeutel, die Leute sind ungefährlich. Wenn sie in unseren Tempel kommen und immer wieder dasselbe machen, haben die Kinder wenigstens was zu lachen.«

Und damit trollten sich die Trolle von Valldall wieder heimwärts.

Du schwenkst falsch. Sein Wortschatz war gestiegen.

Ruhe – Ton ab – aus – gestorben – Team und Szene.

Und die Bedeutungen waren war ihm sonnenklar. Nun musste er sich nur noch überlegen, wo er »du schwenkst falsch« intelligent anbringen konnte.

Im Naturtempel wartete man aufgeregt, dass die fünf Tage um wären und die Künstler, wie die Fee vom hohen Berge sie nannte, erscheinen würden.

Und dann war es so weit.

Am fünften Tage, sehr früh morgens, kamen sie mit Krach

und Gestank. Ein ganzer Tross Lastwagen, große schwarze Kastenautos fuhren die schmale Straße entlang.

Da war die Ruhe dahin.

Na, das konnte ja heiter werden.

Die Fee vom hohen Berge schüttelte ihr Haar, dass das Wasser bis zu den Männern spritzte, die inzwischen die schweren, metallenen Gegenstände aufluden.

»Huch, ist das kalt und frisch«, war der Kommentar und fröhlich bauten die Männer das schwarze Ding auf Schienen vor dem Holzhaus auf, das nun fertig war. Anscheinend sollte die Szene hier mitten im Naturtempel stattfinden.

Scheinwerfer wurden geschleppt, Tische aufgestellt und keiner der arbeitenden Männer wusste oder war sich bewusst, dass er sich mitten im Heiligtum der Naturwesen vom Flamdal bewegte.

Alle Naturwesen setzten sich neugierig hinter den kleinen See auf die Berge und beobachteten neugierig das Geschehen.

Also, wenn diese Menschen immer blieben, mit diesen stinkenden Autos, wäre es um ihr Heiligtum geschehen. Jetzt wurde auch noch eine Höllenmaschine angeworfen und in dieser herrlichen Luft fing es an zu stinken. Die Kinder hielten sich die Ohren zu, für sie war der Krach zu laut. Der älteste Meister warf einen besorgten Blick auf die Fee vom hohen Berge. Die antwortete jedoch mit einem sprudelnden Lachen.

»Seid beruhigt, das ist viel Lärm um nichts.«

Finn wartete aufgeregt, bis der Meister des Films erschien. Gero nannten sie ihn.

Stolz stellte Finn alle seine alten Bekannten der ganzen Versammlung vor. Nun konnten sie ja selbst miterleben, wie die Menschen versuchten, Leben zu spielen und in den schwarzen Kasten einzufangen.

»Was für ein Aufwand«, bemerkte ein alter weiser Baumelbe, der die Birken in diesem Tal beschützte. »Wäre es für die Menschen nicht interessanter, das Leben selbst zu leben, anstatt es zu spielen?«

Er wurde in seinen Gedanken von Meister Gero unterbrochen, der eine Ansprache an seine Leute hielt: »Wir sind hier Gast in dieser herrlichen Natur, wie wir sie in Deutschland schon gar nicht mehr kennen, und ich bitte Sie alle, dass wir den Platz so verlassen, wie wir ihn vorgefunden haben. Das Gras wird zwar etwas leiden, doch das wächst ja schnell wieder nach.«

»Sehr schön gesagt«, murmelten die Naturwesen, »wahrlich ein Meister.« Gero hatte mit diesen Worten das Herz und die Unterstützung aller hier lebender Wesen gewonnen.

Langsam rückten die Trolle, Gnome und die Baumelben dem Geschehen immer näher. Besonders die Scheinwerfer faszinierten sie, aus denen das Licht nun in ihren Tempel strahlte.

Die Männer, hoch gewachsen, blond, mit nacktem Oberkörper, waren für die Nymphen und Elfen ein begehrenswerter Anblick.

Doch sie konnten sie gar nicht verlocken, weil die Männer sie nicht mehr spürten – wie schade.

Die Nymphen und Elfen suchten sich trotzdem den Mann ihrer Wahl aus. Hätten dies die Beleuchter geahnt, sie wären vor Freude in den kalten See gesprungen.

Das Allerhöchste war heute, dass die Sonne strahlte.

Endlich fingen sie an zu spielen.

Die Fee vom hohen Berge schüttelte ihr Haar und ließ Sprühregen von eiskaltem Wasser auf die Menschen fallen. Ihr silberhelles Lachen klang bis zur großen Sphinx nach Myrdal, der sie das Geschehen erzählte. So sprach es sich von Berg zu Berg, von Tal zu Tal herum, dass im Heiligtum der Fee vom hohen Berge ein Film gedreht würde. Und immer mehr Naturwesen kamen herbei, um an den Ereignissen teilzuhaben.

Finn hörte sehr angestrengt zu, was gesagt wurde, und lernte alle neuen Sprüche auswendig, die ihm bedeutungsvoll erschienen. Er war wahrhaftig mit Intelligenz gesegnet.

Am Abend gab es viel zu erzählen und eigentlich waren alle glücklich über den Besuch der Menschen in ihrem Reich.

Das Gras war zwar zertreten, aber sonst war nichts passiert.

So legte sich die helle Nacht des Nordens über das Flamdal, den See, den Fluss und alle gingen befriedigt schlafen.

Finn schlief gelassen ein, umringt von allen Trollen der Gegend, als bedeutungsvolle Persönlichkeit.

Und wieder strahlte die Sonne am nächsten Morgen über das Tal und weckte alles Leben zu neuen Taten. Der Morgenruf der Fee vom hohen Berge erschallte: »Wacht auf, meine Kinder, ihr Elfen, Undinen, ihr Nixen und Gnome, ihr Baumelben und Trolle – ihr alten Meister und Kinder, ein neuer Tag wird uns geschenkt, lasst ihn uns nützen.

Möge ein jeder seine Arbeit voller Freude tun und lasst uns die Menschen, die in unser Reich kommen, mit unserem Frieden und unserer Weisheit beschenken.«

Und kaum hatte sie es ausgesprochen, da kamen sie auch schon angerollt. Es wurde eine Art Zelt aufgebaut aus durchsichtigem Papier. In der Nähe des Wasserfalls wurde ein großer Kessel mit heißem Wasser installiert und die Menschen schleppten immer mehr und mehr Zeug heran.

Na ja, das konnte ja wieder heiter werden.

Die Naturwesen setzten sich auf die großen Steine rings um das Geschehen und warteten sehr gespannt, was heute passieren würde.

Finn gesellte sich zu der Frau, die während seines ersten Besuchs bei den Filmleuten immer geweint hatte.

Sie saß auf einem Stein, einen Block auf den Knien, und malte. Schützend hatte sie sich vor zwei Veilchen gesetzt, damit sie nicht zertrampelt würden.

Ja, die malt ja die Fee vom hohen Berge da auf das weiße Papier.

Finn war ganz verwirrt

»Ja, sag' mal, kannst du die Fee denn sehen? Ich dachte, ihr seht uns gar nicht?«, fragte er fast wie von selbst, ohne mit einer Antwort zu rechnen.

»Nein, aber fühlen kann man euch, ich fühle dich.«

Finn traute seinen Ohren nicht. Was war denn nun los? Die Frau sprach tatsächlich mit ihm.

»Und du fühlst auch die Fee vom hohen Berge?«

»Ja, so ungefähr wie ich sie jetzt male.«

»Ja, du heiliger Strohsack, das ist ja ganz was Neues, das ist mir ja überhaupt noch nicht passiert.«

Aufgeregt schaute er zur Fee vom hohen Berge und diese

nickte Finn zu: »Ja, sie versucht auch mit mir zu sprechen. Manche Menschen verstehen das.«

Finn war nun ganz außer sich. Das musste die Intelligenz in ihm sein, die ihm so außergewöhnliche Erlebnisse vermittelte.

»Könntest du auch mich malen, wie sehe ich denn aus?«

»Ich kann's versuchen, ja. – Und wie heißt du?«

»Ich heiße Finn.«

»Das ist ein sehr bedeutender Name. Also, mein lieber Finn, du bist ungefähr ein Meter achtzig groß, hast eine runde, volle Knollennase, rotes, etwas struppiges Haar und buschige Augenbrauen. Deine Augenfarbe ist Braun, du hast ein grünes Hemd an und weite Hosen und sehr große Füße.«

»Ja, stimmt, so sehe ich aus«, schrie Finn und machte einen Freudensprung. »Du bist ja auch mit Intelligenz gesegnet.«

Und dann brüllte er zur Fee vom hohen Berge: »Die hat mich gespürt, die spürt mich. Die weinende Frau ist auch mit Intelligenz gesegnet.«

»O nein, Finn, das ist etwas anderes als Intelligenz.«

»Na ja, ist ja auch egal.«

Finn setzte sich neben die weinende Frau und stellte ihr alle Fragen, die ihm gerade einfielen.

»Wo kommst du denn her? Wo wohnst du? Wo steht dein Bett?«

»In einem Dorf in der Schweiz.«

»Wo ist das? Weit weg?«

»Ja, weit weg. Erst über das Meer, dann kommen noch andere Länder und dann ein Land, das heißt Deutschland. Danach kommt ein kleines Land mit Bergen und Seen, manchmal

21

sieht es sogar ähnlich aus wie hier in Norwegen, nur liegt das Land nicht am Meer. Das kleine Land heißt Schweiz.«

»Hast du auch so ein großes Tal wie das Flamdal?«

»Nein, in der Schweiz ist alles viel kleiner. Ich habe einen Garten.«

»Du hast einen Garten?«

Finn wurde immer aufgeregter, er unterhielt sich mit einem richtigen Menschen.

»Ja, ich habe einen Garten, sogar einen sehr großen. Hinter dem Garten lebt ein kleiner Wald. Ich habe auch Pflaumenbäume und Apfelbäume und neben meinem Garten ist eine große Kirschwiese.«

Finn stützte den Kopf in seine Hände und versuchte angestrengt, sich dies alles vorzustellen.

»Gibt es dort auch einen Wasserfall?«

»Nein, leider nicht. Dafür haben wir einen riesengroßen See. Das ist der Bodensee. Ich wohne an einem Teil des Sees, den nennt man Untersee, und in der Mitte ist eine wunderschöne Insel, die Reichenau.«

»Oh, das ich möchte ich mal sehen«, kam es ganz verträumt aus Finns Mund.

Die weinende Frau war erstaunt.

»Ja, meinst du denn, dass es möglich ist, dass du verreisen kannst?«

»Ich weiß es auch nicht, obwohl ich von der Fee vom hohen Berge mit Intelligenz gesegnet bin. Da muss ich heute Abend den alten Meister fragen, ob so etwas möglich ist.«

»Ja, tu das, Finn. Entschuldige, ich muss jetzt spielen gehen.«

Finn blieb bei den Veilchen sitzen und sah auf seine Freunde, die auf den Steinen herumlümmelten und schon etwas müde wirkten, weil lange Zeit nichts Spannendes passiert war.

Als endlich »Aufnahme – Ton ab – bitte« ertönte, kannten das inzwischen alle Naturwesen auswendig und wiederholten es vergnügt, dass es wie ein Echo durch ihren Naturtempel hallte.

Die Undinen saßen auf den Steinen, kämmten ihre Haare, flitzten im Wasser hin und her, doch niemand von den Spielenden sah ihre Schönheit. Immer wieder gefiel ihnen die Vorstellung, wie die Menschen hinterher staunen würden, wenn so ein Wassermädchen auf dem Bildschirm zu Hause erschiene.

Die Moosmännchen, die an den Steinen klebten, flüsterten den Undinen und Nixen zu: »Eigentlich müsstet ihr euch etwas anziehen, ihr wässrigen Schönen.«

»Haha, ihr obergrünen Männchen, dann hättet ihr ja gar keine Freude mehr.«

Und alle Steingeister fingen grollend an zu lachen.

»Was es doch ausmacht, wenn so ein paar männliche Wesen bei uns einfallen.«

Sie reckten und streckten sich, dass es knirschte in den Steinen, die Moosmännchen mussten sich festhalten, sonst wären sie abgekippt.

»Sind wir etwa nicht so anziehend wie diese milchfarbenen Menschen?«, brummten die Steingeister.

Prustend und lachend warfen sich die Nixen ins Wasser.

»Ihr Dummköpfe, wenn ihr euch sehen könntet.«

Die Steine sahen sich verdutzt an, solch eine freche Antwort hatten die Nixen ihnen noch nie gegeben.

»Meine Lieben, wir sind Millionen Jahre alt, unser Wissen ersetzt unsere Schönheit«, und mit diesen Worten verschlossen sich die Steine für heute.

Auf einmal verschwand die Sonne hinter dem hohen Berg. Es wurde zu dunkel zum Spielen und die Szene wurde abgebrochen.

»Feierabend«, das magische Wort schallte durch das Flamdal und alle begaben sich zu den Autos.

Feierabend, das Wort kannte Finn. Er lief noch hinter der weinenden Frau her und rief, er würde heute Abend den alten Meister fragen, ob er nicht in ihrem Garten in der Schweiz studieren könne.

Lächelnd antwortete die weinende Frau: »Ja, tu das. Aber bitte nenne mich nicht die weinende Frau.«

Finn sah sie an: »Ja gut, wenn du meinst, dann nenne ich dich Grübchenfrau. Wenn du lachst, hast du da an den Wangen zwei Grübchen, das haben die Elfen auch.«

»Danke Finn, auf Wiedersehn.«

»Auf Wiedersehn, weinende äh ... Grübchenfrau.«

Reise aus der Mittsommernacht

Das weiße Licht des Nordens ergoss sich über dem See und hüllte den Berg in silbernes Licht. Die Stille nach dem Lärm war fast greifbar.

Finn versuchte seine Trollkollegen abzuschütteln und ging sehr konzentriert zum alten Meister, verbeugte sich höflich und fragte, ob er ihn um einen Rat bitten könne.

»Ja«, sagte der Meister und schaute ihn durchdringend an. »Ich weiß, du willst verreisen, studieren in der Schweiz.«

»Oh, woher weißt du?«

Mit Blick auf den Wasserfall, meinte der Meister: »Von ihr! – Wir werden heute Nacht der Grübchenfrau eingeben, dass sie zwei Steine, etwas Moos und Farn von hier mitnimmt, daran kannst du dich festhalten und mit ihr in das ferne Land ziehen. Doch erwäge dabei, dass es vorläufig kein Zurück gibt.

Wir sind sehr glücklich, wenn du als Botschafter der Naturwesen in die Schweiz gehst und die Menschen und Naturwesen aufklärst, dass Trolle keine Christenfresser sind, zu denen man sie gemacht hat. Wenn sie dort an Trolle denken, denken sie an den folgenschweren Satz: Ich rieche Christenblut! Welche Angst müssen sie haben. Angst vor der Natur und ihrer Urkraft. Es ist höchste Zeit, dass wir uns um ein Verstehen bemühen.

Wie mir die Fee vom hohen Berge erzählt hat, bist du mit Intelligenz gesegnet und von all den Trollen hier der richtige, die Wahrheit über euch in die Welt zu tragen. Ich segne dich und deine Aufgabe.«

Damit legte der Meister seine feinen Hände auf Finns Kopf.

»Gehe in Frieden und sei glücklich, unser aller Licht begleite dich. Die Fee vom hohen Berge und die Sphinx von Myrdal werden dir ab und zu Gedankenblitze schicken. Übrigens, Finn, die Grübchenfrau wohnt in einem alten keltischen Naturtempel, deshalb spürt sie uns auch. Es wird dir gefallen.«

Finn war ganz tief beglückt. Er setzte sich still unter den Wasserfall, wusch seine Kleider, seinen struppigen Kopf, schrubbelte sein Gesicht, Hände und Füße und versuchte, sich auszumalen, was nun kommen würde.

Die Fee vom hohen Berge schickte ihm feinen, leuchtenden Wasserstaub in seine Augen.

»Geh schlafen, Finn, lieber Finn, vor so einer großen Reise muss man ruhen.«

Finn schaute sich müde in seinem Heimattempel um, umfing die großen Steinwächter mit einem liebevollen Blick und wusste, dass alle hier seine Freunde waren. Die Nixen und Undinen, seine Trollfreunde und Dummbeutel, alle würden hier bleiben. Er würde sie vielleicht nie mehr wieder sehen. Schmerzlich, sehr schmerzlich – und darüber schlief er ein.

Am nächsten Morgen erwachte er erst, als er das Brummen der Autos hörte, sprang sofort auf seine Füße und war hellwach.

Er warf einen Blick zur Fee vom hohen Berge.

Sie lächelte ihm zu.

»Guten Morgen, Finn, genieße deine letzten Tage und freu dich auf das Neue. Eine außerordentliche Auszeichnung wird dir da zuteil. Noch keinem Troll ist dies bis jetzt widerfahren. Also zeige dich dem Geschehen gewachsen.

Die Grübchenfrau wird heute hoffentlich die zwei Steine aufsammeln, Farn und Moos, an denen du dich festhalten kannst. Halte dich bei allem, was passiert, nah bei der Frau. Sende uns abends, wenn die Welt schläft, deine Eindrücke durch Gedankenblitze und berichte uns, in welcher Verfassung du unsere Geschwister in der Schweiz vorfindest. Du kannst schon heute Abend mit der Frau mitgehen oder übermorgen pünktlich zur Abreise am Hotel sein.«

Dann warf sie ihm einen kleinen Sack zu.

»Hier sind Geschenke von uns allen. Öffne den Sack bitte erst, wenn du im Garten der Grübchenfrau angekommen bist.«

Finn, der Troll, fing den Sack auf und verbeugte sich ergriffen.

Er kam sich unglaublich wichtig vor. Man nahm ihn ernst, seitdem die Fee ihn mit Intelligenz gesegnet hatte.

Inzwischen hatte das Team den ganzen heiligen Bezirk in Besitz genommen. Heute sollte auf der Wiese, die sich das Team ausgesucht hatte, vor den großen Felsenherren, das Mittsommernachtsfest stattfinden. Diese wunderschöne Wiese war auch die Festwiese der Naturwesen.

Tische wurden aufgestellt, Fackeln in die Erde gerammt, Holz für ein großes Feuer geschichtet und Grillöfen aufgestellt.

Mehr und mehr Menschen kamen, wurden eingekleidet,

eine Kapelle übte und man hatte nicht das Gefühl, dass aus diesem Gewühl und Chaos etwas Sinnvolles entstehen könnte.

Die Neuigkeit, dass Finn zum Studieren in die Schweiz geschickt würde, hatte sich wie ein Lauffeuer herumgesprochen und war im Moment viel interessanter als das Team.

Das Team übte und übte. Die kleine Kapelle spielte und spielte. Die Menschen tanzten und tanzten. Gero, der Meister, saß hinter einem schwarzen Kasten und fing das falsche Leben ein.

Dann wurde es plötzlich ernst, die Fackeln wurden entzündet, der Holzstoß entfacht und – o Gott, so nah an dem großen Steinherrn – zu nah!

Rettet euch, ihr Moosmännchen und Moosweibchen!

Da war es schon zu spät.

Das Feuer hatte sie erfasst, vom Stein abgelöst und verbrannt.

Man rettete, was zu retten war. Auch der große Steinherr litt eine Weile Höllenqualen. Das Feuer züngelte schon an ihm hoch.

Dann endlich erklang: »Aus – Fussel-Check – sauber – gestorben.«

Die Naturwesen saßen jetzt traurig herum. Einige hatten soeben ihr Leben gelassen. So war das, wenn die Menschen in die Heiligtümer der Natur einbrachen. Sie hatten kein Bewusstsein mehr für das, was sie da taten.

Die Grübchenfrau tat, was ihr nachts im Traum gesagt worden war. Sie nahm zwei Steine, um deren Einverständnis sie bat, und sie löste vorsichtig Moos und grub zwei große Farne aus. Dann gab sie Finn zu verstehen, dass sie bereit wäre, ihn mitzunehmen.

»Du kannst ja dann später wieder zurückgehen, doch lass uns üben, damit es auf der großen Reise funktioniert.«

Sie verbeugte sich vor der Fee vom hohen Berge und sagte Dank.

»Geh in Frieden, Grübchenfrau, und hüte unseren Troll. Wir sind glücklich über die Möglichkeit, die sich ihm durch dich eröffnet. So können die Naturwesen von einem Naturtempel von denen des anderen etwas lernen. Das ist wundervoll.«

Dann trabte die Grübchenfrau mit Finn probeweise ins Hotel. Sie bot ihm das Bett neben sich an. Doch Finn meinte, er gehe lieber wieder nach Hause und sei pünktlich zur Abreise wieder da.

Und dann war es so weit, die große Abreise war gekommen. Die Naturwesen hatten Finn eine große Abschiedsfeier bereitet und alle seine Freunde hatten ihm gute Ratschläge mitgegeben.

Er wurde umarmt, gedrückt, geküsst und gesegnet.

Endlich stand er vor dem Hotel, seine Trollkollegen begleiteten ihn. Und hier fand fast dieselbe Szene statt: Das Team wurde verabschiedet. Es wurde recht tränenreich gedrückt und umarmt.

Die Grübchenfrau hielt die Tüte mit den Steinen fest in der Hand. Sie wusste nicht genau, ob Finn auch wirklich mitkommen würde, aber sie spürte ihn, als sie in den Bus einstieg.

Finn war riesig aufgeregt, er war noch nie in einem Bus mit

Menschen gefahren. Er genoss die Aussicht und freute sich, seine Dummbeutel neben dem Bus herrennen zu sehen.

Sie wollten bis nach Voss mitrennen und dann sollten die Trollkollegen von Voss sie ablösen und Finn nach Bergen begleiten.

Es regnete in Strömen und Finn meinte, so schlimm sei seine Abreise auch wieder nicht, der Himmel müsse nicht so weinen.

Die Fee vom hohen Berge sandte Nebelfrauen in jedes Tal; von jedem Berg wogten sie herab und verabschiedeten sich von Finn.

Die Naturwesen bis Bergen wehten und wedelten und riefen und sangen und schrien und segneten Finn. Es war wahrlich das eindrucksvollste Geleit, eines Staatsoberhauptes würdig, welches Finn zuteil wurde. Alles, um ihn zu ehren. Er war so beeindruckt, dass er gar keine Zeit hatte, sich zu fürchten, geschweige denn, Angst zu haben. Nicht mal in den vielen Tunnels, die der Bus durchfahren musste und die ziemlich dunkel waren.

Immer wieder kamen seine Dummbeutel vom Berg herunter gesprungen und wedelten mit ihren Hüten und brüllten, was das Zeug hielt.

Die Nebelfrauen senkten ihre Schwaden weiterhin an ihm vorbei.

»Sei gegrüßt, Finn, die Sphinx von Myrdal lässt dir sagen, dass du über all dem Neuen, das dir widerfahren wird, nicht vergessen sollst, deine Gedanken am Abend mit aller Kraft nach dem Flamdal zu lenken.«

»Ja, ja, mach ich. Ihr könnt ganz beruhigt sein.«

Vor der Stadt Bergen schrien die Trolle von Voss ihm noch ein Lebewohl zu und dann war Finn mit der Grübchenfrau allein. Erstaunt sah er sich die große Stadt an, die vielen Häuser und mittendrin, zu seiner großen Verwunderung, die Schiffe.

Schneller als gedacht waren sie am Flughafen. Das Gepäck wurde ausgeladen und Finn setzte sich auf den Rucksack der Grübchenfrau und sah ziemlich gelassen dem für ihn völlig neuen Treiben der Menschen zu. So viele auf ein Mal waren ihm noch nie begegnet.

Als das Gepäck durch einen schwarzen Kasten fahren musste, klammerte er sich ganz fest an die Grübchenfrau und wich nun bis ins Innere des Flugzeugs keinen Zentimeter von ihrer Seite.

Im Flugzeug war er nur im ersten Moment unsicher. Als sich der silberne Vogel in die Luft erhob, schlitterte er immer den Gang rauf und runter und sah sein geliebtes Land nun von oben.

»Mein Norwegen – lebe wohl!«

Auf einmal sah er, dass die Wolkenfrauen ihm winkten.

»He, Finn, wir haben gehört, du gehst zum Studium in die Schweiz.«

»Toll, was?«

»Wir grüßen dich und geben die Nachricht weiter.«

Finn nahm diese Ovationen wie der König von Norwegen hoheitsvoll entgegen und winkte freudig zurück.

»Danke, ihr Wolkenfrauen, grüßt mir das Flamdal und meine Freunde. Sagt ihnen, dass es schön ist, durch die Wolken zu fliegen.«

»Was willst du denn eigentlich studieren?«, fragten die Wolkenfrauen neugierig.

»Das weiß ich selbst nicht, ihr Schönen, aber es wird mir schon etwas einfallen.«

Sie flogen noch eine Weile und er bewunderte die vielen Lichter, Knöpfe und Hebel und die Meister, die diesen silbernen Vogel lenkten.

Sie machten einen tiefen Eindruck auf ihn.

Er dachte: Diese Menschen, was die sich alles ausdenken?

Silberne Vögel, die so viele Menschen durch die Luft tragen, nicht zu fassen so etwas.

Und damit schlitterte er vorsichtig wieder zurück zu seiner Grübchenfrau.

»Wieso kannst du mich eigentlich spüren und die anderen nicht?«, fragte Finn sie.

»Ich spreche mit dir über meine innere Stimme.«

»Innere Stimme, was ist das?«

»O nein, Finn, frag mir kein Loch in den Bauch.«

»Ein Loch in deinen Bauch«, sagte er, »das wollte ich nicht.«

»Das ist nur eine Redensart, Finn.

Ich muss überlegen, wie ich dir das mit der inneren Stimme erkläre. Wenn ich ganz ruhig bin, bitte ich meine Gedanken, sich hinzusetzen und die Klappe zu halten – frag mich jetzt nicht, was eine Klappe ist, das ist der Mund – in mir ist Stille. Dann konzentriere ich mich auf mein höheres Selbst und das höhere Selbst in mir spricht mit dir und ich höre zu. Kannst du das verstehen?«

»Was ist das höhere Selbst?«

»Eigentlich ist das der Meister in mir. So wie die hohe Fee vom Wasserfall alles sieht und hört oder die uralte Sphinx von Myrdal alles weiß, ist mein Meister auch mit allem, was ist, verbunden mit dieser und mit deiner Welt, und kann mir alles sagen. Dafür muss ich allerdings bereit sein und viel dafür tun.«

»Was tun?«, fragte Finn hartnäckig.

»Ich konzentriere mich jeden Tag auf diesen Meister und das Licht in mir. Ich versuche allem, was ich getan und gedacht habe, was eventuell einem andern Wesen oder mir selbst geschadet hat, zu verzeihen.«

»Das tun wir auch. Wir beten auch, wir danken immerfort, deshalb haben wir unseren heiligen Tempel, in den ihr eingefallen seid wie die Mücken.«

»Ihr müsst uns verzeihen. Die Menschen haben das Gefühl für heilige Plätze, die sich durch besondere Schönheit auszeichnen, verloren.«

»Die Fee vom hohen Berge hat mir gesagt, dass du auch in einem heiligen Tempel wohnst?«

»Nicht direkt. Hinter dem Haus, in dem ich wohne, ist ein Garten. Den haben wir wieder zu einem heiligen Platz werden lassen. Heidi und ich und noch viele verschiedene Helfer. Heidi wirst du gleich kennen lernen. Sie holt uns vom Flughafen ab. Sie weiß schon, dass du mitkommst, und hat den Wesen und Naturgeistern im Garten erzählt, dass ein Troll aus Norwegen namens Finn heute Abend in unserem Garten landet.«

»Oh, Potz, Blitz – was für ein Tag – was für ein Geschenk – ich bin doch ein echter Glückspilz!«

In diesem Moment flog der silberne Vogel durch ein Wolkenfeld und wieder grüßten die Wolkenfrauen Finn und riefen ihm zu, sie hätten eben gehört, dass er zum Studium in die Schweiz flöge. Sie würden sich wahnsinnig darüber freuen, dass der Dialog der Menschen mit der Natur begonnen habe.

Königlich winkte Finn zurück und fragte die Grübchenfrau beiläufig, was denn ein Dialog sei.

»Ein Gespräch, Finn, miteinander reden; das, was wir gerade tun. Wir führen gerade einen Dialog, allerdings einen nicht ganz gewöhnlichen Dialog.«

»Dialog – du schwenkst falsch – Ton ab – bitte – gestorben – Dialog – höheres Selbst.«

Genüsslich wiederholte Finn all seine neuen Erkenntnisse.

»Ich glaube«, sagte die Grübchenfrau lachend, »du bist schon mitten im Studium.«

»Dauert es noch lange, bis wir in deinem Garten sind?«

»Nein, Finn, wir sind bald da. Du solltest dir überlegen, ob du den ersten Tag mit in die Wohnung kommen oder ob du gleich im Garten deinen Schlafplatz suchen willst.«

»Natürlich im Garten! Ich schlaf doch nicht in einem Haus! Warum schlaft ihr überhaupt in einem Haus?«

»Warum? Draußen in der Natur macht es uns Angst. Nachts ist es dunkel, da gibt es schlechte Menschen und wir haben auch Angst vor Tieren. Wir leben, glaube ich, schon lange in Häusern.«

»Nein«, widersprach Finn, »unser Meister hat uns erzählt, dass ihr früher in den Bäumen geschlafen habt, auch in Erdhöhlen und Grotten. Ihr habt uns damals noch gesehen, es sei fast ein

34

Paradies auf der Erde gewesen. Irgendwann habt ihr die Verbindung zu uns verloren, weil man euch schreckliche Dinge über uns erzählt hat und ihr vor euren eigenen Erzählungen Angst bekommen habt. Die Angst hat uns getrennt. So ist es geschehen, sagt der alte Meister. Deshalb werden wir Trolle in Norwegen auch als hässliche, bösartige, einfältige Wesen dargestellt, die man einfach töten kann, da sie nur Untaten im Kopf haben. Der alte Meister sagte, dass ich deshalb als gesegneter Troll-Botschafter in die Welt gehen soll, um diese Vorstellung, die die Menschen von uns im Kopf haben, zu erlösen.«

»Ja, mein lieber Finn, das wollen wir beide.«

Dann rutschte Finn wieder fröhlich ins Cockpit und erlebte die Landung in der Schweiz.

Alle Wolkenfrauen hatten sich scheint's vor Zürich versammelt und gaben Finn ein richtiges Spektakel zur Begrüßung. Das Flugzeug wackelte, was das Zeug hielt, doch es landete sicher in Zürich.

Am Flughafen holte Heidi Finn und die Grübchenfrau ab.

Sie entschuldigte sich, dass sie Finn nicht sehen und auch nicht spüren konnte. Doch sie wünschte ihm trotzdem ein herzliches Willkommen.

Finn saß brav hinten im Auto und hörte den beiden Frauen zu, die ihre Neuigkeiten austauschten.

Eine für ihn total fremde Welt – allmählich fing er an zu begreifen, auf was er sich da eingelassen hatte.

Vielleicht bin ich doch ein Dummbeutel, dachte er.

Doch da waren sie auch schon angekommen.

»Willst du gleich in den Garten?«, fragte die Grübchenfrau.

»Ja!«

Sie nahm die Tüte mit den Steinen, dem Moos und den Farnen und versuchte zu spüren, wo Finn sein Nachtlager aufschlagen wollte.

Sie ging mit ihm durch den ganzen Garten und Finn wählte eine Stelle neben Antonius, einem griechischen Jüngling, und Philippus, einem lustig aussehenden Terrakottabuben, unter einem Pflaumenbaum.

Sie stellte Finn, den Troll aus Norwegen, den Schweizer Naturwesen vor und dachte, es könne ja tatsächlich sein, dass sich daraus eine Art Schule entwickle für alle Naturwesen und für die Menschen.

»Seid nett zu Finn, damit er die erste Nacht in der Fremde gut übersteht.«

Dann überließ sie Finn seinem Schicksal und ging in die Wohnung.

Oje. Finn schaute sich die feingliedrigen Blumenelfen an. Die Baumelben betrachteten zurückhaltend den Gast aus Norwegen. Nur die gütige, weise Lärchenfrau ging fröhlich auf ihn zu, hieß ihn willkommen, umarmte Finn und sagte ihm, wie sehr sie sich freue, einen norwegischen Troll kennen zu lernen.

»Du musst wissen, hierzulande haben wir das nicht. Du musst uns erzählen, wie das bei euch zu Hause aussieht, was für Bäume und Bräuche ihr habt. Und du wirst sehen, bald wirst du dich bei uns heimisch fühlen.«

Finn nickte nur stumm, die Kehle war ihm wie zugeschnürt.

Am liebsten wäre er der Lärchenfrau weinend um den Hals

gefallen, doch ein mit Intelligenz gesegneter Troll musste tapfer sein!

In der Nacht, die auch noch finster war, rollte sich Finn auf seinem Graslager zusammen und weinte bitterlich.

Es gab hier keinen Meister und keine Fee vom hohen Berge.

Alles war eigentlich flach und den See konnte er auch nicht sehen.

Auf was hatte er sich da eingelassen!

Über diesen traurigen Gedanken schlief er dann doch irgendwann ein.

Im keltischen
Heiligtum

Am Morgen weckte Finn dieselbe Sonne wie in Norwegen, streichelte sein Gesicht und noch etwas anderes fuhr über seine Haare, über seinen Rücken: tröstende, mütterliche Hände.

Als er die Augen aufschlug, schaute er in das gütige Gesicht der Lärchenfrau.

»Guten Morgen, mein Kleiner, wie hast du geschlafen, hast du etwas Schönes geträumt?«

Finn bemerkte jetzt, dass er den Sack, den die Fee vom hohen Berge ihm gegeben hatte, immer noch fest in den Händen hielt. Er hatte ganz vergessen nachzuschauen, was sie ihm auf den Weg mitgegeben hatte.

Da sagte die Lärchenfrau lächelnd: »Die Wolkenfrauen haben mir erzählt, dass die Fee vom hohen Berge dich grüßen lässt und all deine Trolldummbeutel auch. Sie haben auch gesagt, dass man dich zum Studium in die Schweiz geschickt habe, und wir fühlen uns sehr geehrt. Wir wissen zwar nicht, was wir dir beibringen könnten, doch bestimmt gibt es eine Möglichkeit, voneinander zu lernen. Du musst wissen, mein lieber Finn«, sie sprach jetzt sehr leise, »dass es den Schweizer Naturwesen sehr schwer gemacht wird, weil sie von den Menschen nicht mehr wahrgenommen werden. Doch das wirst du ja selbst noch bemerken.«

Da kam die Grübchenfrau barfuß in den Garten und setzte sich zu Finn.

»Ich habe schon gespürt, mein Lieber, dass du ganz verstört und traurig bist. Doch ich fürchte, dass das erst der Anfang ist und dir noch einiges bevorsteht. Komm, ich zeig dir den Garten und den Wald.«

»Das ist ein Wald für euch?«, fragte Finn entsetzt.

»Ja, für uns hier ist das ein Wald«, sagte die Grübchenfrau ein wenig verlegen. »Er zieht sich weiter, um den ganzen Bodenseerücken.«

»Und der See, ich sehe keinen See?«

»Der ist auf der anderen Seite, unterhalb des Berges. Den kannst du vom Garten aus nicht sehen. Wenn du willst, kannst du nachher mit Heidi und mir schwimmen gehen.«

»Ich will nicht schwimmen gehen! Ich will mich morgens an einem Wasserfall waschen!«

Entsetzt sah ihn die Grübchenfrau an.

»Ich habe keinen Wasserfall. Ich kann nicht wie Aaron Wasser aus dem Fels schlagen. Wer Aaron war, frag mich bitte später.«

»Und das nennst du Bach, Grübchenfrau, dieses vertrocknete, schmale Rinnsal, da kann sich ja nicht mal ein Hase waschen!«

»Ich habe ja nicht gewusst, dass du Wasser zum Waschen brauchst. Komm, ich zeig dir was. Wir haben da oben schöne, blaue Keramiktöpfe, in denen wir das Regenwasser auffangen.

Würde das vielleicht für dich zum Waschen genügen? Wenn du willst, kannst du selbstverständlich morgens auch mein Bad benutzen. Aus der Dusche kommt Wasser, fast wie ein kleiner Wasserfall.«

»Ich will das nicht. Ich weiß ja gar nicht, was das ist, Grübchenfrau. Du verstehst mich nicht. Hier ist alles so geschleckt, so ordentlich, gar nichts Wildes, Herrliches, Großartiges wie im Flamdal.«

Die Grübchenfrau fing furchtbar an zu lachen: »Finn, es ist doch erst der erste Tag. Beleidige bloß nicht Heidi, die hier alles so geschleckt und ordentlich erhält. Wirklich unter großer Mühe. Sie zupft und schneidet und pflanzt und mäht wie eine Wilde und nichts entgeht ihren Argusaugen.«

»Argusaugen, was ist das?«

»Ach, so eine Redensart. Ich muss erst nachschauen, woher das kommt.«

»Ihr habt anscheinend viele Redensarten. Ihr redet so dahin, ohne zu wissen, was ihr eigentlich sagt.«

»Ja, da triffst du den Nagel auf den Kopf – wieder so eine Redensart.«

Traurig setzte sich Finn ins Gras.

»Ich will studieren, aber keine Redensarten hören, von denen ihr selbst nicht wisst, was sie bedeuten und woher sie kommen.«

In diesem Moment krächzte der Rabe auf der höchsten Tanne die Neuigkeit von der Ankunft Finns über den Untersee.

So aufgeregt hatte die Grübchenfrau ihn noch nie erlebt. Er drehte sich in alle Himmelsrichtungen und schrie und krächzte die Geschichte von Finn, dem Troll, in die Welt.

40

Die Grübchenfrau war beeindruckt. Obwohl sie den Raben nicht verstand, wusste sie doch, was da passierte.

»Du siehst Finn, deine Traurigkeit wird bald verfliegen, weil dich von nah und fern alle besuchen kommen und du deine Geschichte immer und immer wieder erzählen kannst.«

Und so geschah es.

Den ganzen Tag über herrschte ein wildes Kommen und Gehen. Besonders die Gnome und Zwerge waren begeistert über einen Troll in ihrer Mitte.

Die Kobolde wichen nicht von seiner Seite, besonders eine sehr hübsche, junge Koboldin, die nur Schabernack trieb und Finn zum Lachen brachte.

Sie schaute ihn begierig mit ihren großen Kulleraugen an. Das war ein Mann, ein weit gereister dazu, und mit Intelligenz gesegnet.

Sie war hingerissen.

Erst am Abend kam Finn dazu, endlich in seinem Sack nachzusehen, was ihm seine Freunde aus Norwegen mit auf den Weg gegeben hatten.

Die Fee hatte ihm in den Sack eine Art Leier gelegt aus einem gebogenen Holz mit Saiten aus ihrem Silberhaar, die darüber gespannt waren.

Sollte ihn das Heimweh überkommen, würde ihn dieses Instrument und die Musik, die er darauf spielen konnte, trösten.

Auch ein Spiegelstein war darin. Den sollte Finn dreimal mit seinem Atem anhauchen, dann würde sich der Stein öffnen und er könnte mit der Fee vom hohen Berge sprechen. Er sollte den

Spiegelstein jedoch nur benutzen, wenn er etwas mitzuteilen hätte.

Seine Dummbeutel hatten ihm für jede Hosentasche eine Kastanie in den Sack getan, damit er sie ja nicht vergessen würde.

Als Finn am Abend allein unter seinem Pflaumenbaum dieses Säckchen betrachtete, liefen ihm, über so viel Liebe ganz gerührt, die Tränen über seine Backen. Sein Gesicht vergrub er in das Säckchen, damit die Lärchenfrau, die so etwas sofort spürte, nicht kam, um ihn zu trösten.

Er wollte in seinem Schmerz allein sein, fern von zu Hause, ohne Wasserfall, ohne die rauschenden Wildwasser und ihre Nixen.

Und er getraute sich auch nicht, auf seiner Leier zu spielen, um die anderen Wesen hier im Wald nicht zu stören.

Schon am nächsten Tag musste Finn zugeben, dass es hier zwar anders, aber keineswegs langweilig war. Er wollte ja lernen – nicht stehen bleiben.

Die Lärchenfrau gab ihm den Rat, seine Vergangenheit zu vergessen, hier völlig neu anzufangen.

»Schau, mein lieber Finn, du bist alles, was du bis jetzt in deinem Leben erfahren und gelebt hast. Nun schaue nur den heutigen Tag an und weine der Vergangenheit keine Tränen nach. Lass sie los und sei ganz hier. Wenn es sein soll, wirst du eines Tages wieder heimkehren und dann wird dich die Sehnsucht nach dieser so ordentlichen Schweiz packen. Es ist meistens so, man will immer gerade das, was man nicht hat. Das haben wir leider von den Menschen übernommen.«

42

Sie streichelte über Finns struppigen Kopf, setzte sich wieder in ihre Lärche und war unsichtbar. Dennoch fühlte und sah sie alles, was im Garten und in der weiteren Umgebung geschah.

Die Grübchenfrau kam jeden Morgen, setzte sich zu Finn auf die Bank, fragte ihn, wie es ihm gehe, wie er geschlafen habe und wie er sich hier fühle. Doch dann hatte sie den ganzen Tag über wenig Zeit und obwohl sie viel im Garten arbeitete, vergaß sie ihn.

Und nun, völlig auf sich gestellt, betrachtete Finn die Welt um sich mit seinen Augen. Er entdeckte einen großen Landschaftsengel, ähnlich der Fee vom hohen Berge, der diesem Naturtempel sein Gepräge gab und der Meister war.

»Alle Wetter – eine Frau!«

Dieser Engel hatte ebenso wie die Fee vom hohen Berge riesige Ausmaße.

Hier in dem Garten, hatte ihm die Lärchenfrau erzählt, gäbe es auch viele Engel; gesehen hatte Finn allerdings noch keine.

Wie er erst nach mehreren Nächten bemerkte, schlief er jedoch unterhalb eines weißen Engels, der ihn nachts mit seinem weißen Schleier berührte, sodass er zutiefst erschauerte und sein Heimweh gelindert wurde.

Die ganze Schönheit dieses Schweizer Naturtempels eröffnete sich ihm so nach und nach.

Er sah einen weiteren großen, goldenen Engel, der schützend über dem Garten schwebte.

Der Ruf des Raben hatte auch viele Naturwesen angelockt. Allabendlich kamen sie herbei und es wurden mehr und mehr, die ihre Zeit mit dem Gast aus Norwegen verbringen und mit ihm feiern wollten.

»Studieren willst du hier«, sie sahen ihn bewundernd an, »aber was?«

»Na ja, irgendwas wird uns schon einfallen. Der Meister hat mir aufgetragen«, erzählte er ernsthaft, »ich solle als Botschafter der Trolle in die Schweiz gehen, um das falsche Bild, das man von den Trollen hat, zurechtzurücken. Es käme uns nämlich nie in den Sinn, wenn wir einem Menschen begegnen, zu sagen: Hier riecht es nach Christenblut. Uns Trolle hat es schon lange vor den Christen gegeben und der Glaube, den die Menschen gerade hatten, hat uns nie interessiert. Wir würden nie etwas Lebendiges töten. In den Märchen der Menschen töten die Menschen die Trolle mit einem Schwertschlag oder überlisten sie auf die gemeinste Weise, weil sie die Trolle für bösartige, dumme Wesen halten.«

Er wunderte sich selbst, woher ihm die Worte kamen. Sie flossen nur so aus ihm heraus.

Ach ja, ich bin ja mit Intelligenz gesegnet, dachte er.

Der Landschaftsengel tröstete ihn.

»Weißt du, Finn, es herrscht heutzutage allerorten ein verworrenes Wissen oder Nichtwissen über die Naturwesen. Nachdem das Denken und feinfühlige Wissen langsam versank, verlosch auch das Wissen über die Natur und über die Wesen der Natur. Du bist durch dein freies Sein, da du nicht an einen Baum oder eine Pflanze gebunden bist, prädestiniert, um als Botschafter unterwegs zu sein.«

Prädestiniert, das Wort muss ich mir merken und die Grübchenfrau fragen, was es bedeutet. – Mein Wortschatz wird immer reicher, dachte Finn voller Stolz.

Er konnte nur all sein Wissen noch gar nicht anbringen.

Aus – Fussel-Check – gestorben – du schwenkst falsch – Dialog – und nun noch prädestiniert.

Auch an diesem Abend baten ihn die neu dazugekommenen Wesen, seine Geschichte zu erzählen, und sie waren ganz begierig darauf, dass er ihnen seine Heimat Norwegen schilderte.

»Ihr könnt euch nicht vorstellen, was wir für Wasserfälle haben. Von den hohen Bergen strömt das Wasser an den Silberhaaren der Feen ins Tal mit so einer Gewalt, dass es weiß aufschäumt und auf die alten Steine prallt und sprudelnd in großen Flüssen zwischen den Felssteinen zum Meer oder in die Fjorde strömt.«

»Was ist ein Fjord?«, fragte ihn die Koboldin RaRa mit den Kulleraugen. Sie wollte ihn immer wieder auf sich aufmerksam machen.

»Ein Fjord«, Finn kratzte sich verlegen am Kopf, er hatte sich noch nie überlegt, was ein Fjord ist. Doch nun war er ja schließlich mit Intelligenz gesegnet.

Bedeutungsvoll hub er an: »Ein Fjord ist eine Bucht im Meer, unendlich tief, und die Berge ragen steil empor. Es sieht aus wie ein Einschnitt in die Felswelt und du kannst von einem Fjord in den andern schwimmen; alle enden im Meer. Das Wasser ist eiskalt, weil es Schmelzwasser von den Bergen ist und sich in riesigen Wasserfällen in das salzige Meerwasser ergießt. Brrrr ... Ihr könnt euch nicht vorstellen, wie kalt dieses Wasser ist.«

45

Die Naturwesen konnten sich das sehr wohl vorstellen, denn eisigkaltes Wasser war ihnen bestens vertraut.

»Wir Trolle baden uns in den Wasserfällen und wisst ihr, das vermisse ich am meisten, dass es hier keinen Wasserfall gibt, nur diesen Schlechtwetterbach.«

»Aber wir haben doch einen kleinen Wasserfall, dahinten rechts im Wald, darf ich ihn dir zeigen?«, erbot sich eifrig die kleine Koboldin.

»Gut, wenn du willst, morgen früh. Ich kann doch jetzt nicht weggehen, wo so viele Gäste extra meinetwegen hierher kamen.«

An diesem Abend hauchte Finn zum ersten Mal drei Mal auf seinen Spiegelstein, um der Fee vom hohen Berge von seiner Reise zu erzählen.

Als er den Wasserfall und die Fee in seinem Stein glasklar erblickte, fing er an zu schluchzen und vor Heimweh brachte er keinen Ton heraus.

»Sei gegrüßt, Finn, der du deine Aufgabe so wunderbar erfüllst. Wir alle hier sind sehr stolz auf dich.«

Die Fee vom hohen Berge lächelte ihn liebevoll an.

»Wir haben uns für dich und deine neuen Freunde in der Schweiz etwas ausgedacht. Lade sie morgen alle ein. Die Gnome und Erdgeister, die Feen und Nymphen, die Waldfrauen und die Geister des Waldes. Ich werde euch über den Spiegelstein ein Märchen erzählen. Und jetzt, Finn, nimm unser aller Liebe entgegen und schlafe in Frieden und ohne Wehmut.«

Damit erlosch das Bild der Fee auf seinem Spiegelstein und getröstet kuschelte Finn sich unter seinen Pflaumenbaum.

Das Märchen der Fee
vom hohen Berge

Der Morgenhimmel am Untersee war in apricotfarbenes Licht getaucht. Die Sonne, die langsam aufstieg, streichelte Finns struppigen Kopf und er erwachte. Glücklich lief er zur Lärchenfrau und bat sie, die Raben auszuschicken mit der Neuigkeit, dass die Fee vom hohen Berge heute Abend über seinen Spiegelstein erzählen würde.

Am Abend war der Garten bis auf das letzte Fleckchen mit Naturwesen gefüllt und Finn hauchte auf seinen Stein und das Gesicht der Fee vom hohen Berge stieg aus dem Stein auf und erfüllte die ganze Luft des Gartens.

Alle Gäste hörten das Rauschen des Wasserfalles und die großen Augen der Fee blickten jedem ins Herz.

»Seid gegrüßt, ihr meine Lieben«, begann sie mit einem fast wehmütigen Lächeln, »wie freue ich mich, euch alle hier vorzufinden. Es ist eine denkwürdige Nacht, in der unsere Verbundenheit von Norwegen zu euch in diesem fernen Land durch unseren Freund Finn wieder hergestellt worden ist. Ich möchte euch eine Geschichte erzählen, die sich vor sehr langer Zeit in unserem Land zugetragen hat.

Eines Tages kamen zwei Flüchtlinge ins Flamdal, am Fuße meines Wasserfalles an, ein Druide namens Urson und ein Königssohn namens Gundril. Der Druide spürte sofort die Heiligkeit dieses Ortes und fragte uns, ob er mit seinem Königssohn hier Zuflucht nehmen dürfte, da der ältere Bruder Gundrils, sein Name war Morbeth, dem jungen Prinzen nach dem Leben trachte.

Wir erlaubten ihm, bei uns zu bleiben, und versicherten ihm unser aller Schutz.

Es war Frühsommer, als die beiden ankamen.

Im Wettlauf mit den Jahreszeiten begannen sie, sich ein Haus zu bauen.

Die Lastpferde hatten Kartoffeln und Saat für Getreide geladen, sie konnten allerdings nur noch Kartoffeln anbauen, für alles andere war es schon zu spät.

Urson zeigte dem jungen Königssohn jeden Handgriff und gab ihm die Aufgabe, die Kartoffeln in die Erde zu stecken.

Der Druide ging in den nahen Wald, um Bäume zu fällen. Er bat jeden einzelnen vorher um Erlaubnis, denn es war eigentlich schon viel zu spät im Jahr, um Bäume für ein Haus zu fällen. Am Abend trugen sie, da die Nächte sehr hell waren, die Steine für das Fundament zusammen. Dann fügten sie die Stämme der Bäume zu einem geräumigen Haus ineinander.

Urson ritt mit dem Lastpferd, als Bauer verkleidet, über Land und kaufte je zwei Ziegen und zwei Schafe, sodass sie mit der Zeit Junge bekämen.

Morgens wuschen sie ihre Körper in dem eiskalten Wildwasser und Gundril kletterte oft mitten unter den Wasserfall. Er-

frisch und gestärkt schlüpften sie dann in ihre einfachen Kleider und begannen aus Weiden und Schilf das Dach ihres Hauses zu flechten.

Gundril musste jede kleine Wiese mähen und das Heu trock-
nen auf Holzpfählen, die er zu einem Dreifuß zusammenfügte,
um im Winter genügend Futter für die Pferde, die Ziegen und
die Schafe zu haben.

Der Druide baute eine Art Heuschober als Vorratskammer,
dahinter die Ställe, damit die Tiere durch die Wärme des Heu-
schobers und des Hauses geschützt waren.

Aus Steinen und Sand fertigte er im Haus einen großen Kamin, in dem sie kochen und backen und gleichzeitig ihr Haus
wärmen konnten.

Sie arbeiteten bis in den September von morgens früh bis
abends spät und sanken dann in einen traumlosen, ermatteten
Schlaf.

Der junge Prinz wurde von der Sonne gebräunt und seine
Schultern breit und seine Muskeln kräftig.

Der Druide Urson meinte mit einem Schmunzeln, für ihn sei
das Ganze eine Verjüngungskur. Er hätte sich immer gewünscht,
alles für seinen eigenen Bedarf auch selbst zu schaffen.

Sie hatten keine Zeit, die Schönheit dieses Fleckchens Erde
zu bewundern, sie mussten, ehe der Winter mit seinen Schnee-
massen einbrach, mit allem fertig sein.

Der Winter überraschte sie mit heftigem Schneefall zum
Glück erst Ende Oktober. Zu dieser Zeit wohnten sie schon in
ihrem behaglichen Haus.

Der Kamin rauchte, die Wärme zog durch die Räume und

durch einen geschickten Trick auch in den Stall und alle hatten es warm, Mensch und Tier.

Heu für die Tiere war ausreichend vorhanden.

Für die beiden Männer gab es getrocknete Kräuter, vom Druiden gesammelt, ebenso Beeren, Pilze und Bucheckern.

Als es dann schneite und die Kälte ins Fleisch schnitt, gingen sie höchstens zur Jagd und zum Wasserholen nach draußen. Die Zeit des Winters nutzten sie zum Lernen. Urson wusste, dass es an der Zeit war, Gundril in die geistigen Gesetze des Lebens einzuweihen.

Der Druide gab all sein Wissen mündlich weiter, so lange bis er sicher war, dass es im Kopf und im Herzen seines Schützlings Wurzeln geschlagen hatte und wachsen konnte.

Eigentlich waren die beiden in ihrem Flüchtlingsdasein glücklich.

Wir Naturwesen beschützten sie auf unsere Weise und auch wir waren erfreut, zwei so tapfere Männer in unserer Mitte zu wissen.

Als der Schnee schmolz und die Sonne ihre Strahlen über die Berge sandte und das Grün der Wiesen hervorkam, ließen sie die Tiere auf kleinen Weiden grasen, die sie mit Holzpfählen einzäumten.

Gundril saß oft am Wildbach und beobachtete die reißenden Wasser, was er jedoch nicht sah, waren die Nymphen und Feen des Wassers, die ihn liebevoll beäugten.

Besonders eine, die schöne Moicrain, war von ihm entzückt. Sie hatte sich wahrlich in Gundril verliebt.

Sie sang und seufzte: ›Komm, Geliebter, nimm ein Bad, damit

ich deinen Körper streicheln, mit dir schwimmen, dich berühren kann.‹

Als ob Gundril ihr Verlangen spürte, warf er sich eines Tages in den wilden Bach und sie fing ihn mit liebenden Händen auf.

Nach ein paar kurzen Zügen lief er jedoch laut schreiend vor Kälte aus dem Wasser – und ihren Armen davon.

Sie musste sich etwas anderes ausdenken.

Sie fragte mich, die Fee vom hohen Berge, ob sie in den hellen Nächten ihren Körper verdichten dürfe, um dem Prinzen nahe zu sein.

Und so geschah es.

Wenn Gundril mit seiner Arbeit fertig war, setzte er sich am Abend gewöhnlich auf einen Stein und schaute in den Sternenhimmel, sang vor sich hin und memorierte die Aufgaben des Druiden.

Er traute seinen Augen nicht, als plötzlich dem wilden Wasser eine wunderschöne junge Frau entstieg. Sie war fast nackt. Nur ein silberner Umhang umspielte ihren Körper.

Ihre blonden langen Haare bedeckten ihren Busen.

›Sei gegrüßt, Gundril. Ich bin Moicrain, die Fee des Wildwassers. Ich habe euch mit Freude in eurem Tun beobachtet. Erlaubst du, dass ich dir etwas Gesellschaft leiste?‹

›Aber bitte!‹

Gundril sprang auf, bot ihr seinen Platz auf dem Stein an und blieb verstört und unsicher vor ihr stehen.

Sie hatte ein feines Gesicht mit dunkelblauen Augen von einer Anmut und Liebe, wie er sie noch nie bei einem Menschen gesehen hatte.

Unter diesem Blick, der in sein Innerstes leuchtete, fühlte er zum ersten Mal sein Mannsein und seine Einsamkeit.

Tränen stiegen in ihm auf, doch er konnte sich nicht abwenden. Er versank in ihre Augen und ließ seinen Tränen freien Lauf.

Sie tröstete ihn sanft.

›Verzeih, dass ich deine Einsamkeit störe, aber seit du mit deinem Lehrer hierher gekommen bist, haben wir euch beobachtet, bewundert und beschützt.‹

Er sah sie hilflos an. Er fühlte seine Liebe zu ihr heiß in sich aufsteigen.

Sie war das schönste Mädchen, das er je gesehen hatte. Er spürte sofort die Unmöglichkeit seines Verlangens. Sie war eine Fee, eine Naturgöttin, und er ein Mensch, zwar ein Königssohn, aber doch ein Mensch.

›Ja, ich weiß‹, antwortete sie auf seine Gedanken.

›Auch ich liebe dich, Gundril, deshalb bin ich hier. Meine Schwester, die Fee vom hohen Berge, hat mir erlaubt, vor dir zu erscheinen. Unsere Liebe wird den trennenden Vorhang der Welten zwischen uns für eine Weile öffnen.‹

Fließend, kaum die Erde berührend, kam sie ihm ganz nah.

Erstaunt stellte er fest, dass von ihrem Körper Wärme ausging.

Sie küsste seinen Mund, seine Augen, seine Haare und er gab sich ihr mit geschlossenen Augen hin.

›Mein Geliebter, für heute muss ich dich verlassen, erwarte mich morgen Abend um dieselbe Zeit.‹

Und damit löste sich ihre Gestalt vor seinen Augen auf.

Der Druide hatte die Szene von weitem beobachtet und konnte sich lebhaft ausmalen, wie es in seinem Schützling aussah, doch er ließ ihn allein.

Nun begann die schönste Zeit im Leben Gundrils.

Jeden Abend traf er sich mit seiner Fee.

Sie hatte ein geschütztes Lager aus Moos und duftendem Gras und Blumen bereitet, in das die beiden in ihrer liebenden Umarmung versanken.

Beim ersten Morgengrauen verließ ihn Moicrain und er schlief weiter, bis der Druide ihn weckte und sie ihr Tagwerk begannen.

So vergingen fast zwei Jahre in Glückseligkeit und die Fee wurde schwanger und bekam ein Kind.

Gundril konnte sich zum Glück mit dem Druiden beraten, was nun zu tun sei, denn Moicrain hatte ihm liebevoll und zärtlich beigebracht, dass er das Kind aufziehen müsse, da es nicht im Wasser leben könne – halb Mensch, halb Fee.

Der Druide ritt sofort in die weit entfernten Dörfer, um Felle und feines Leinen zu besorgen. Er schmunzelte innerlich, dass er nun im hohen Alter Babykleider nähen musste. Er traf sich auch heimlich mit seinem besten Freund, dem Druiden vom Hofe, und erfuhr, wie grausam Gundrils Bruder Morbeth herrschte, das Volk auslaugte und wie groß der Hass der Menschen auf diesen König war.

Sein Freund meinte, dass sie noch fünf Jahre brauchten, um gegen den verhassten König in den Kampf zu ziehen.

›Wie geht es deinem Gundril, Meister Urson?‹

›Er wird Vater.‹

Leise berichtete er von der großen Liebe des Prinzen zu Moicrain, der Fee der Wildwasser.

›Diese Liebe wird ihn reifen lassen und wir haben ein Feenkind im Königshaus. Feenblut wird das Blut der Moorwrils auffrischen. Gundril weiß tief in seinem Herzen, dass er die Fee eines Tages verlassen muss, doch er hat ja das Kind.‹

Voll bepackt mit allem Nötigen kam Urson wieder zurück, gerade noch zur rechten Zeit. Denn schon am nächsten Morgen brachte Gundril, mit Stolz und Entsetzen in den Augen, seine Tochter in ihr Haus.

Ein Wuschel blonden Haares bedeckte ihren kleinen Kopf. Sie schrie mit einer hellen Stimme, ebenfalls voller Entsetzen, aus der Wärme des Mutterleibes nun in diese Welt gestoßen zu sein.

Der Druide Urson nahm sie liebevoll in seine Arme, sang und knurrte und gurrte für das Kind und wickelte es wie eine versierte Amme in feinstes Leinen. Aus Stricken und Schaffell baute er eine kleine Schaukel, in die er das Kindchen legte, das inzwischen ruhig geworden war. Durch die Wärme des Feuers und das Geprassel schlief Gundrils Tochter ein.

Gundril nannte sie, nach Wunsch der Fee, Icrain.

Er konnte seinen Blick nicht von dem zarten Geschöpf wenden und immer wieder stieg eine tiefe Glückseligkeit in ihm auf.

Die Fee kam des Nachts, stillte das Kind, beruhigte es und lobte die beiden Männer für ihre Fürsorge. Zärtlich legte sie sich dann zu Gundril und bat ihn um Enthaltsamkeit für eine Weile.

Sie waren nun Eltern und liebten sich durch das Kind umso mehr.

An diesem Abend fragte Gundril zum ersten Mal, was wohl aus ihnen werden sollte, wenn er in die Welt zurückkehren müsste.

Die Fee wusste, dass es ihr nur eine gewisse Zeit vergönnt war, körperlich zu erscheinen, sie wollte ihrem Geliebten nicht unnötig das Herz schwer machen. Sie hielt ihn zärtlich umfangen und tröstete ihn.

›Wir haben uns, wir haben ein Kind – halb Fee, halb Mensch. Dieses Kind wird eine neue, feinere Energie in die Welt der Menschen bringen. Lassen wir das Tor der Zukunft geschlossen. Unsere Liebe wird weiter blühen und in die Tiefe wachsen.‹

So lebten die vier nun eine glückliche Zeit.

Das Kind wuchs unter der liebenden Fürsorge seines Vaters und der weisheitsvollen Zuwendung des Druiden inmitten der Naturwesen, der Gnome, Zwerge und Feen, auf.

Die kleine Icrain war immer umringt von ihren Spielkameraden, den Naturwesen, und so war sie den ganzen Tag beschäftigt.

Sie hatte dunkelgrüne Augen mit türkisfarbenen Lichtern, die neugierig in beide Welten schauten.

Urson ritt immer öfters tagelang fort und kam mit den Neuigkeiten vom Hofe zurück. Morbeth hatte den Druiden des Hofes, der Recht sprach und über dem König stand, verjagt und allmählich mehrte sich der Widerstand im Land.

Urson sagte: ›Wenn die Kleine fünf Jahre alt ist und der Prinz fünfundzwanzig Jahre zählt, dann sind sieben Jahre vergangen. Dann müssen wir das Flamdal verlassen und mit den Vasallen, den Fürsten und dem Volk gegen die Königsburg ziehen, um Morbeth abzusetzen.‹

Morbeth hatte inzwischen einen Sohn und das Gerücht ging durch das Land, selbst die junge Königin habe sich vom König zurückgezogen, um sich um die Erziehung ihres Sohnes zu kümmern und so von der Gegenwart ihres Gatten befreit zu sein.

Gundril war tief betrübt über die nahende Trennung von Moicrain.

Doch sie eröffnete ihm, dass sie von Anfang an alles gewusst habe.

›Wenn du das Flamdal verlässt, muss ich in mein unsichtbares Reich zurückkehren und wir werden uns nie wieder sehen in diesem Leben. Nur unsere Gedanken werden für immer verbunden bleiben!‹

Sie kannte sein Schicksal, doch sie schwieg.

›Bitte lass uns unsere Zeit, die Zeit, die uns noch gehört, genießen und glücklich sein.‹

So geschah es bis zu dem Tag, als der flammende Aufruf zum Widerstand durch das Land hallte und fünf Fürsten und fünf Druidenmeister ins Flamdal kamen, um den Prinzen abzuholen.

Sie schworen ihm Treue und baten ihn, das Land von dem ungerechten König zu befreien.

Doch wie waren sie überrascht, bei Gundril eine Tochter vorzufinden.

Als die fünfjährige Icrain die Fürsten begrüßte und ihre Augen erhob, traten den Männern Tränen in die Augen. So sollte es jedem Menschen ergehen, den Icrain in ihrem Leben ansehen würde. Ihr Blick fiel tief in ihre Seelen. Jeder war in seinem Menschsein berührt.

Der Prinz bat um eine Nacht Aufschub, dann wollte er mit den Fürsten ziehen.

In dieser Nacht nahmen die beiden Liebenden Abschied.

Moicrain gab Gundril eine Perle, die in Form eines Tropfens an ihrem Feenhaar befestigt war. Sie legte ihm dieses Unterpfand an sein Herz; er sollte es so lange tragen, bis Icrain heiratete. Dann sollte sie diese Perle bekommen und sie ebenso an ihrem Herzen tragen.

Er schwur ihr ewige Treue, doch Moicrain wollte keinen Schwur.

›Als Hochkönig der Kelten musst du heiraten, ich gebe dich vollkommen frei. Ich werde dich immer lieben über die Zeiten hinweg, mein Prinz. Nichts wird uns in Wirklichkeit trennen.‹

Dann löste Moicrain ihren Körper auf und verschwand in ihr unsichtbares Feenreich.

Untröstlich erhob sich der Prinz von seinem Lager, um den Ruf seines Landes zu erfüllen, und nur der Druide Urson wusste, wie es um seinen Schützling wirklich bestellt war.

Am Morgen verließ ein Reitertross das Flamdal, das Haus wurde zugenagelt, das Vieh mitgenommen und im nächsten Dorf verteilt.

Urson hatte Icrain vor sich auf dem Pferd sitzen und wurde von Reitern umringt, um sie zu schützen.

Gundril ritt wie betäubt in diesem Tross mit. Seine Gedanken rückwärts gerichtet, versuchte er, den Abschied und den Schmerz zu verkraften.

Sie waren wochenlang unterwegs. Der Tross wurde immer größer und immer mehr Volk und Fürsten zogen mit ihnen, da sie auf Gundril ihre ganze Hoffnung auf Befreiung setzten. Und das Vertrauen half Gundril, über den Schmerz in seine Aufgabe zu wachsen.

Als sie endlich am Ziel waren, kamen sie durch die Hilfe eines der Fürsten durch einen Hintereingang ins Schloss und überraschten Morbeth im Schlaf.

Urson schickte Gundril in die Gemächer der Königin, um sie und ihren Sohn zu bewachen. Auf diese Weise wurde Gundril nicht mit dem Blut seines Bruders beschmutzt, den die anderen richteten.

Macha, die Königin, nahm den Tod ihres Mannes wie selbstverständlich hin und bat nur um Schonung für ihren Sohn.

Gundril war erschüttert von der Schönheit und Schwermut, die die einstmals stolze Fürstin ausstrahlte. Er versicherte ihr, dass er nicht vorhabe zu heiraten. Ihr Sohn solle der nächste König werden, wenn sie ihn vom Druiden Urson erziehen ließe, der schon ihn erzogen habe.

Mit einer tiefen Verneigung zeigte sich die Königin Macha einverstanden.

Das Geschehen, das Gundril zum König werden ließ, nahm er wie im Traum wahr. Die Druiden überzeugten ihn, dass er als Hochkönig der Kelten eine Königin haben müsse. So verlange es der Brauch. Denn die Krone erhalte der Mann nur durch die

Würde seiner Frau. Er solle doch die Fürstentochter Macha, die Frau seines Bruders, ehelichen. Das Bett müsse er ja nicht mit ihr teilen.

Und so geschah es.

Als er der Königin und deren Sohn Idan seine Tochter Icrain vorstellte, drückte Macha, tief ergriffen, dieses Elfenkind an ihr Herz, strich über das feine Haar und unter Tränen sagte sie: ›Ich werde dir eine liebevolle Mutter sein, wenn du es willst.‹

Da schlang die Kleine die Arme um Macha und sagte: ›Königin Mutter, ich will.‹

Sie sprang zu Idan, gab ihm einen schmatzenden Kuss auf den Mund.

›Du bist jetzt mein Bruder, o wie glücklich bin ich, dass ich nun einen Bruder habe.‹

Idan ließ sich das gerne gefallen, weil der Liebreiz von Icrain auch sein siebenjähriges Kinderherz höher schlagen ließ.

Er war von ihr verzaubert.

Von nun an wurden die beiden Kinder gemeinsam von Urson, dem Druiden, erzogen.

Idan wurde für seine körperliche Ertüchtigung einem jungen Druiden zur Seite gestellt.

So waren sie alle mit ihrem Tun beschäftigt.

Gundril formte sein Reich neu, war oft unterwegs und gern überließ er der fürsorglichen, klugen Königin Macha die Hofhaltung.

Zwischen ihnen wuchs der Respekt und von Machas Seite entfaltete sich, obwohl sie fünf Jahre älter war, eine Liebe zu Gundril, die ohne Erwiderung blieb.

Drei Jahre zogen ins Land.

Eines Abends, als sie ihren Gemahl zum Abendessen erwartete, hatte sie ihre goldenen, schweren Haarflechten geöffnet, in duftenden Ölen gebadet und ihre schönsten Gewänder angezogen.

Ihre Liebe zu Gundril und ihr Verlangen nach ihm sprachen aus jeder ihrer Bewegungen, als sie ihm das Mahl reichte und ihn sehnsüchtig bat, sie doch endlich zur Frau zu nehmen.

An diesem Abend erzählte Gundril ihr von seiner Liebe zu der Fee Moicrain und dass er glaubte, keine andere Frau mehr lieben zu können.

›Oh, sie will bestimmt nicht, dass du dein Leben in aussichtsloser, wilder Sehnsucht verbringst. Ich liebe dich so, mein geliebter Gundril, ich verstehe deine Liebe zu Moicrain und ich will sie dir nicht nehmen, aber lass uns uns beide in Liebe vereinen.‹

Sie umarmte und küsste ihn und ihr heißer Körper zitterte vor Verlangen. Ihr ehrliches Begehren sprang auf Gundril über und sie wurden nun wirklich Mann und Frau.

Sie gebar ihm in den Jahren zwei wunderschöne Mädchen.

Es war eine Zeit des Wohlstandes und des Friedens im Lande und des Friedens am Hofe des Hochkönigs Gundril und seiner Gemahlin Macha. Doch tief, tief saß die Wunde seiner Liebe zur Fee Moicrain. Vor allem, wenn er mit seiner Tochter Icrain sprach und ihre Augen die seinen suchten, zog sich sein Herz schmerzhaft zusammen; es war, als ob Moicrain ihn anblickte und ihn rief.

Er liebte seine Tochter über alles und versuchte, ihr so viel

Zeit zu widmen, wie es ihm bei all seinen vielen Aufgaben möglich war.

Als der Druide Urson die Erde verließ, trauerte Gundril und der ganze Hof, besonders Icrain und Idan, um ihren so geliebten Lehrer.

Der Zeuge von Gundrils Liebe zu Moicrain war gegangen.

So verging die Zeit des Lebens am Hofe von König Gundril.

Inzwischen war Icrain zur liebreizendsten und klügsten Jungfrau weit und breit herangewachsen und Idan liebte sie seit dem ersten Kuss in seinem Kinderherzen und nun im Jünglingsalter umso mehr.

Sie wurden vermählt und Gundril schenkte seiner Tochter die Perle ihrer Mutter. Idan bekam die Königswürde und das Reich. Gundril war nun frei.

Er verabschiedete sich von Macha, die er schätzte und achtete, denn sein Herz zog ihn ins Flamdal zu seiner geliebten Fee Moicrain. Er wollte die letzten Jahre seines Lebens in der Hütte an ihrem Fluss verbringen.

Macha hielt ihren Mann zum letzten Mal in ihren Armen.

›Mein geliebter Gundril, warum lässt du mich und die Kinder allein? Auch deine Enkelkinder werden dich eines Tages sehr vermissen.‹

Er entzog sich ihrer Umarmung. Zärtlich fuhr er über ihr Gesicht.

›Sie haben dich, Macha, du Kluge, Reine, Schöne. Ich danke dir für deine Liebe und deine Selbstlosigkeit. Ich glaube, ich habe den Sinn meines Lebens erfüllt, ich darf jetzt gehen, denn das Reich ist in Sicherheit und in guten Händen.‹

So ritt Gundril allein ins Flamdal zu seiner Jugendgeliebten aus dem Feenreich, wohlwissend, dass es ihr nicht vergönnt sein würde, sich ihm zu zeigen. Doch er würde in ihrer Nähe sterben.

So endete die Geschichte von Gundril und Moicrain.«

Ein tiefer Seufzer ging durch den Garten, schade, dass diese wunderbare Geschichte schon zu Ende war. Tröstend sagte die Fee vom hohen Berge: »Freut euch auf morgen, ihr meine geliebten Kinder. Denn morgen wird die Lärchenfrau eine Geschichte erzählen. So wie ich durch den Spiegelstein bei euch erscheinen konnte, wird sie dann bei uns in Norwegen erscheinen. Auf diese Weise sind wir alle miteinander verbunden. Ich wünsche euch eine gesegnete Nacht.« Damit erlosch sanft das Gesicht der Fee vom hohen Berge im Garten.

Die Naturwesen saßen noch eine Weile da und ließen das Märchen in sich nachklingen. Dann gingen sie, still sich zunickend, ein jeder in sein kleines Reich.

Finn rollte sich unter seinen Pflaumenbaum, er fühlte wie seine Traurigkeit, sein Verlassensein sich auflösten.

Er war stolz auf seine Fee vom hohen Berge, die so viel Macht hatte, hier im Garten über den Spiegelstein zu erscheinen. Dass morgen die Lärchenfrau im Flamdal auch über seinen Spiegelstein erscheinen konnte, machte ihm etwas Kopfzerbrechen. Doch da er mit Intelligenz gesegnet war, schlief er ruhig ein.

Das Märchen
der Lärchenfrau

Am Morgen leuchtete die Sonne auf Finns struppiges Haar. Die Koboldin RaRa saß schon erwartungsvoll zu seinen Füßen und harrte geduldig seines Erwachens.

Sie wollte ihm heute den Wasserfall zeigen, damit er, der berühmte Gast, sich auch würdig waschen könne.

Als sie dort angekommen waren, war Finn mehr als erstaunt.

»Wasserfall nennst du das?«, fragte er etwas süffisant.

»Besser als keiner!«

Dann wusch er seine Haare und sein Gesicht und die kleine Koboldin blickte dabei verschämt in eine andere Richtung.

Die Koboldin führte ihn dann über den Waldrücken hinunter zum See und Finn konnte nicht umhin, dieses liebliche Gewässer zu bewundern.

Besonderen Spaß hatte er an den Schwänen, die er von den wilden Wassern im Norden nicht kannte. RaRa war sichtlich zufrieden, dass ihm nun doch etwas in ihrem Lande gefiel. Sie saßen am Ufer, ließen die Füße im Wasser baumeln und sprachen über ihr Leben.

Er erzählte von seinen Freunden, seinen Dummbeuteln, wie viel Spaß er mit ihnen jeden Tag gehabt hatte und wie er durch die Grübchenfrau nun in der Schweiz gelandet war.

RaRa meinte: »Weißt du, vielleicht solltest du nur das Leben studieren, dazu braucht man Ruhe und eine fremde Umgebung. Ich bin nur eine kleine Koboldin, ich möchte auch studieren und so gerne lernen und wachsen.«

Finn sah dieses kleine Wesen zum ersten Mal richtig an. Bisher war sie ihm ein bisschen lästig vorgekommen. Er hatte ihre Gesellschaft so hingenommen, weil sie sich so nett um ihn gekümmert hatte.

Ihre kleine Gestalt war wohl geformt, ihr Gesicht rund mit großen Kulleraugen und einem entzückenden, immer lachenden Mund. Dichte, blonde Löckchen rahmten das zierliche Gesicht ein.

Sie war zwar etwas kunterbunt gekleidet, aber selbst das unterstrich ihren Reiz.

Gar nicht so übel, die Kleine, dachte Finn zu seinem eigenen Erstaunen.

»Nicht war«, sagte sie, »wir passen doch gut zusammen.«

»Na, so hab ich das nicht gemeint«, brummte Finn.

»Schon gut«, sagte sie fröhlich, »lass uns gehen; ich zeig dir noch den Rhein. Das ist der große Fluss, der durch den Untersee fließt. Sollten wir mal genügend Zeit haben, zeig ich dir den Rheinfall von Schaffhausen. Der ist bestimmt ähnlich wie deine Wildbäche in Norwegen.«

Sie trollten sich in Richtung Gottlieben und Finn gefiel dieses kleine Fachwerkdörfchen mit dem verwunschenen Schloss. Dann stand er staunend vor dem Rhein.

»Ein schöner Fluss, wahrlich ein schöner Fluss«, sagte er beeindruckt.

64

Er grüßte die großen Undinen im Rhein und die Wellenbabys und war ganz beglückt, so viele andersartige Naturwesen kennen zu lernen. Er musste gestehen: »Eine liebliche Landschaft, so wie du RaRa, Fräulein Kunterbunt.« Was war ihm denn nun schon wieder eingefallen. Hatte das mit seiner Intelligenz zu tun? Fräulein Kunterbunt. Der Name war gar nicht so schlecht. »Die Landschaft ist so feingliedrig wie du.«

Nun lachten sie beide, sprangen in den Rhein und tummelten sich mit den Nymphen und Undinen, die den Troll einmal anfassen wollten, so einen männlichen Mann.

Finn fühlte sich sehr geschmeichelt und ließ sie seine Muskeln befühlen.

»Das kommt vom Springen, müsst ihr wissen. Wir Trolle sind sehr schnell und üben weite Sprünge.«

»Wir sind auch sehr schnell im Wasser und üben schnelle Schwünge.«

Die Undinen verschwanden und tauchten weit entfernt wieder auf.

Nun war es an Finn zu staunen: »Könnt ihr mir so was beibringen?«

»Schon«, lachten die Undinen, »wenn du genügend Zeit hast. Eigentlich bist du nicht wirklich dafür geeignet, doch wir können es versuchen. Besucht uns doch, so oft ihr wollt, ihr zwei.«

Finn hatte RaRa ganz vergessen, die etwas eifersüchtig auf der Kaimauer saß und schmollte.

»Du bist ja ein richtiger Weiberheld.«

»Was ist denn das?«, fragte Finn neugierig.

»Na eben ein Weiberheld, du verspritzt deinen männlichen Charme an alles Weibliche.«

»Charme?«, auch ein neues Wort, »kannst du mir das erklären?«

»Nein, das kann ich nicht«, sagte RaRa trotzig.

Sie war wirklich eifersüchtig, stand auf und ging schnell in Richtung Garten.

Finn holte sie mit ein paar Schritten ein.

»Wir wollen uns doch nicht streiten, RaRa, Fräulein Kunterbunt. Ich bin so froh, dass du mir deine Heimat zeigst, sei wieder gut!«

Er machte eine etwas missglückte Verbeugung vor ihr.

»RaRa, Königin Koboldine, ich bitte um Ihre Gunst.«

Da sprang Fräulein Kunterbunt fröhlich in die Luft.

»Ja, Finn, jaaaa, du hast meine Gunst!«

Glücklich liefen Finn und RaRa in den Garten, denn der Abend senkte sich schon herab und von überall trafen sie auf Naturwesen, die ebenfalls in den Garten strebten, um das Märchen der Lärchenfrau zu hören.

Im Garten war eine tolle Stimmung, denn schon lange hatten die Naturwesen hier in der Schweiz sich nicht mehr zu solchen Erzählabenden getroffen. Sie hatten alle fast ihren Mut und ihre Freude verloren, weil sie unter den schweren Bedingungen, die ihnen das Verhalten der Menschen auferlegte, zu leiden hatten.

Hier schien ein Anfang zur Verständigung gemacht. Sie fühlten, dass sie in diesem Garten willkommen waren.

Dann endlich war es so weit. Finn hauchte auf seinen Spiegelstein und die Fee vom hohen Berge erschien und begrüßte glücklich die vielen Anwesenden.

»Oh, was für eine Freude, ihr Lieben, dass wir alle heute mit euch über den Spiegelstein verbunden sind.«

Alle hörten das Rauschen des Wasserfalls und die Fee blickte jedem tief ins Herz.

»Geliebter Finn, bitte übergib der Lärchenfrau den Stein.«

Dann sahen die Naturwesen in Norwegen den Garten und all die Anwesenden. Es ertönte großes Ah und Oh von den versammelten Freunden im Flamdal. Sie sahen jetzt auch das gütige Gesicht der Lärchenfrau.

»Seid gegrüßt, ihr meine Freunde in Norwegen. Dieses und Ähnliches hat sich vor langer Zeit hier an dem wunderschönen See zugetragen. Auch der Bodenseeraum ist ein alter, heiliger Landschaftstempel, den die Göttin Iris, die Göttin des Regenbogens, schützt. Vor langer, langer Zeit war sie besonders verbunden mit der keltischen Fürstentochter Erisgen, die auch eine geistige Schülerin des großen Zauberers Merlin war.

Sie war eine Philosophin und Druidin. Ihre Residenz war die Insel Reichenau, die mitten im See liegt und nur mit dem Boot erreichbar ist.

Erisgen war eine wunderschöne Frau ohne Alter. Dass sie schon lange auf der Erde war, sah man an ihren weisheitsvollen grünen, klaren Augen, die jedem Menschen tief ins Herz blickten und ihn erkannten.

Sie schaute ebenso selbstverständlich auch in die Anderswelt und verkehrte mit uns Naturwesen und den Engeln.

Sie wurde geliebt von allen, die sie umgaben, da ihre Liebe alles durchdrang.

Erisgen war zeit ihres Lebens von einer Schar Schülerinnen umgeben.

Viele dieser jungen Frauen – Königinnen, Fürstinnen auch Bäuerinnen – verließen Erisgen als weisheitsvolle, fröhliche, allen Lebenssituationen gewachsene Menschen.

Erisgen hatte sie gelehrt, dass es wichtig sei, über sich selbst und andere zu lachen. Dass jede Weisheit voller Humor sei und sie leichten Schrittes über die Erde gehen sollten, um Leid und Krankheit zu erlösen.

Erisgen war vom Volk der Kelten.

Nun, die Kelten waren sowieso ein fröhliches, trinkfreudiges, mutiges Volk. Der Glaube an die Unsterblichkeit der Seele ließ sie ihren Alltag mit verrückten Ideen, mit Vertrauen und Leichtigkeit gestalten.

Und so tat es auch Erisgen. Sie feierte alle Feste und kostete die Energie der Festtage und ihre Bedeutung mit frohem Herzen aus.

Die Geschichte, die ich euch erzählen möchte, begann in einer Mittsommernacht, in der der Vorhang zwischen der realen Welt und der Anderswelt sehr durchlässig ist.

Zur Freude aller war es eine klare Vollmondnacht.

An allen Enden der Insel wurden große Feuer entzündet. Rund um den See auf den Hügeln leuchteten ebenfalls die Mittsommerfeuer und die Luft war erfüllt von der mächtigen Stimme des Barden Uumar, den Erisgen zum Mittsommerfest auf die Insel eingeladen hatte.

Er sang von Arabien und pries die Schönheit der Frauen dort, den Duft ihrer Gärten und die Weisheit der Sultane. Er ahmte den Klang ihrer Sprache nach und erzählte mit wunderschönen Melodien bezaubernde Märchen aus Mesopotamien und Griechenland. Die Augen der jungen Frauen leuchteten, als sie dies hörten, und manch eine begehrte diesen nicht mehr ganz jungen Mann mit dem strahlenden, dunklen Lockenkopf. Seine wohllautende Stimme ließ die Erde aufhorchen, die Wogen des Wassers glätteten sich und die Luft trug seine Töne in das Universum.

Nachdem er die Herzen so vieler Menschen berührte, begannen diese selbst zu singen und zu tanzen und Uumar zog sich zurück. Er setzte sich an das Ufer des Sees, schaute in das Glitzern des Mondlichtes auf dem Wasser und sang leise vor sich hin.

Da erhob sich eine hohe Welle in der Mitte des Sees und eine wunderschöne Frau kam auf ihn zu. Es war die Königin des Rheins. Sie hatte seiner Stimme gelauscht und war so sehr von ihr angetan, dass sie sich aus ihrem Reich erhob und vor dem staunenden Uumar erschien. Sie bat ihn, weiter zu singen, und viele neugierige Gesichter blickten ihn aus dem Wasser an.

Uumar, der weit gereist war und viel erlebt und gesehen hatte, war überwältigt von dem Geschehen der Nacht. Seine Stimme erklang voller Demut und Zärtlichkeit und legte sich schmeichelnd über das Wasser und die Königin des Rheins, Aylill.

Beim ersten Glühen des Sonnenaufgangs verschwand Aylill in den Wogen des Flusses und streichelte dabei noch mit der Hand Uumars Kopf. Er saß staunend da und fragte sich, ob er dies alles nur geträumt habe.

Verzaubert wanderte er zurück zu Erisgen.

Sie wusste bereits, was ihm widerfahren war, und lud ihn ein zu bleiben, so lange er wolle. Er bat sie, einen Boten auf die linke Seite des Sees zu senden, wo seine Pferde mit seinem Schüler auf ihn warteten. Doch auch das hatte Erisgen bereits mit einem frühen Boten über den See für ihn geregelt.

›Uumar, lege dich schlafen und ruhe dich aus.‹

Liebevoll sah ihn Erisgen an. ›Aylill ist meine Freundin und alles wird gut.‹

Sie bereitete ihm ein Lager und überließ ihn seinen Träumen.

Sowie die Nacht hereinbrach, begab sich Uumar an dieselbe Stelle des Ufers und sehnsuchtsvoll ertönte seine Stimme über den See.

Der Mond stand immer noch leuchtend am Himmel und sandte tanzende Lichter auf das Wasser und in der Mitte der Nacht erhob sich die Woge des Wassers und abermals erschien Aylill.

In dieser Nacht lehrte sie ihn, dem Klang der Welt zu lauschen und seine Melodie wahrzunehmen.

›Schau, du geliebter Menschensohn, der du einer wohllautenden Stimme mächtig bist, höre auf die Sprache des Windes. Was erzählt dir der Nordwind? Welche Mär hat der Westwind dir mitzuteilen? Lege dein Ohr auf den Leib der Mutter Erde und höre ihre Sprache. Das ganze Universum besteht aus Klang, aus Tönen, aus Musik.‹

Und so lehrte sie ihn auch die Melodie des Rheins.

Gegen Morgen streichelte sie seinen Kopf und verschwand.

So erlebte Uumar es acht Nächte und in der neunten Nacht verschmolzen sie beide, Aylill und Uumar, in übergroßer Liebe ineinander und waren eins und selig – glückselig und Gott nah.

Ein Menschensohn und eine Naturkönigin in Liebe auf immer verbunden.

Am Morgen streichelte Aylill seinen Kopf voller Wehmut, küsste seinen Mund und der See verschlang ihre schöne Gestalt.

Uumar wusste, dass er nun gehen musste, und weinend legte er sein Haupt auf die Schulter von Erisgen und schluchzte verzweifelt.

Erisgen streichelte seinen Rücken und tröstete ihn mit den Worten: ›Uumar, die wirkliche Liebe hat dich berührt und wenn du sie in deinem Herzen mit der ganzen Kraft deiner Seele festhältst, ist Aylill immer bei dir – mit dir.

Gehe mit dieser neuen Erfahrung hinaus in die Welt und lass deine Stimme, deinen Gesang ertönen und die Menschen daran teilhaben.

Eines Tages werde ich dich rufen. Höre mich mit deiner inneren Stimme und sei dann bereit, sofort hierher zu kommen.‹

Danach geleitete sie ihn zum Boot, das ihn an das westliche Ufer trug, und er sang das Lied vom Rhein und sah nicht, dass Aylill ihn begleitete.«

Man hörte nun das Schluchzen der norwegischen Naturwesen und auch im Garten schnäuzte sich der Troll und Fräulein Kunterbunt schnaufte tief.

»Ist deine Geschichte zu Ende?«, fragte die Fee vom hohen Berge die Lärchenfrau.

»O nein, habt ihr noch Geduld, sie zu Ende zu hören, oder wollen wir morgen weitererzählen?«

»Heute weitererzählen«, riefen sie alle.

»Uumar, der große Barde, zog nun mit seinen Schülern wieder in die Welt, sang sich in die Herzen der Menschen. Seine Stimme öffnete die Sinne der einfachen Menschen, der Fürsten und Könige ohne Ausnahme für das geheimnisvolle Wirken der Natur, für ihre Stille, ihren Klang, ihre Melodie und ihre gewaltige Macht.

Sein Herz aber und seine Sinne blieben bei seiner fernen Geliebten und jede Nacht erlebte er sich und Aylill in enger Umarmung am Ufer des Untersees.

Sein Ruf führte ihn immer weiter weg vom Rhein und dem Untersee in ferne Länder. Viele Frauen verliebten sich in ihn, doch er sah sie nicht, er fühlte nur eine Einzige.

Nach zwölf Jahren unsteten Reisens erschien ihm eines Nachts im Traum Erisgen und Aylill. Sie betrachteten ihn liebevoll und wie ein Stromschlag traf ihn der Befehl: »Komm sofort und hol deine Tochter!«

Er fühlte, wie Aylill seinen Kopf streichelte, er fuhr auf, wollte ihre Hand festhalten, doch da war nichts. Nur ein kühler Lufthauch streifte ihm über sein Gesicht.

›Komm sofort, hol deine Tochter!‹, wiederholte er schlaftrunken.

Fast besinnungslos schlüpfte er in seine Kleider, weckte sei-

ne Weggefährten und noch in derselben Nacht begaben sie sich auf den weiten Weg zurück zur Reichenau.

Hatte er tatsächlich eine Tochter, ein Kind mit der Königin des Rheins? Warum riefen sie ihn. Warum?

Waren sie in Gefahr?

Auf seinem langen Ritt durch die fremden Länder und über die hohen Berge hörte er von den Angriffen der Römer, die in das Land der Kelten zogen und alles niedermetzelten, was ihnen in den Weg kam.

Sie betrachteten die keltische Kultur als Barbarei und die Druiden und ihre Lehren, die sie gar nicht kannten und mit ihrem Weltverständnis auch nicht begreifen konnten, als grausam und unmenschlich.«

Die Lärchenfrau seufzte tief.

»Das ist immer so. Wenn ein Krieg angezettelt wird, werden die so genannten Feinde und ihre Lebensvorstellungen als minderwertig betrachtet. Sie werden als Mörder und Schwarzmagier angeklagt, was als Rechtfertigung dient, möglichst viele von ihnen umzubringen.«

»Uumar und seine Begleiter ritten Tag und Nacht. Sie wechselten, so oft sie konnten, die Pferde und kamen noch rechtzeitig vor den Römern auf der Reichenau an.

Hier empfing sie Erisgen mit einem bezaubernden kleinen Wesen.

›Dies, meine Tochter, ist dein Vater Uumar, der berühmteste Barde, den ich kenne.‹

›Deine Tochter Erisgen?‹ Uumar schaute sie erstaunt an.

Doch sie gab ihm ein Zeichen zu schweigen.

Klein-Aylill sprang ungestüm Uumar in die Arme, zauste ihn am Kopf und rief fast zornig: ›Warum kommst du erst jetzt?‹, und rannte davon.

›Komm, fang mich‹, rief sie und war schon wieder lachend davongesprungen.

Am Ufer des Sees fing Uumar sie ein, hielt sie fest in seinen starken Armen und herzte dieses Kleinod, das er eben geschenkt bekommen hatte.

›Erzähl mir von der Welt! Wo warst du? Warum warst du so lange weg? Mutter Erisgen hat mir erzählt, dass du überall Geschichten vorträgst und dabei singst. Ich habe noch nie einen Barden singen hören. Bitte Vater, singe für mich!‹

Uumar nahm seine Tochter und sang für sie und Aylill das Lied des Rheins.

Er sang alles, was Aylill ihn in den acht Nächten gelehrt hatte, und Aylill war in seiner Nähe und hörte glücklich zu. Ihr Kind und ihr Geliebter hatten sich gefunden.

Am Abend, als das Kind schlief, erklärte Erisgen ihm, dass sie für Klein-Aylill in dieser Welt die Mutter war.

›Uumar, du kannst sicher sein, es war die schönste Zeit meines Lebens. Ich habe deine Tochter alles Wichtige gelehrt und auch ihren zarten Körper widerstandsfähig gemacht. Das Feenhafte in ihrer Seele ist jedoch verblieben. Aylill und ich haben die Nächte an ihrem Bett gesessen und die besten Eigenschaften für sie erbeten, nun übergeben wir sie dir.

Du musst so schnell wie möglich mir ihr nach Aquitanien reisen. Dort seid ihr sicher vor den Römern. Du wirst dort am Hofe willkommen sein und das Geschlecht der Aquitanier wird aus unserem Kind hervorgehen. Lass sie, so lange du es für richtig hältst, in dem Glauben, ich sei ihre Mutter. Wenn es allerdings notwendig wird, weihe sie ein, dass sie ein Feenkind ist. Ihr reitet morgen in der ersten Dämmerung, die Boote liegen bereit, die Pferde stehen am Westufer. Aylill lässt dich grüßen und legt euer Kind in deine Hände. Es ist dir nicht vergönnt, sie zu sehen. Doch wird sie immer ein Teil von dir sein.‹

Am nächsten Morgen überquerte Uumar mit seiner Tochter den Rhein und es war ihm, als hielt Aylill sie beide umfangen. Seine Tochter schlief in seinen Armen und wusste nicht, dass dieser Abschied von Erisgen und der Reichenau für immer war.

Sie ritten noch lange am Rhein entlang, dann ging es westwärts und sie erreichten sicher Aquitanien.

Klein-Aylill wuchs in diesem fruchtbaren warmen Land in der Obhut ihres Vaters in eine schöne starke Weiblichkeit. Und das Neue ließ den Trennungsschmerz von ihrer geliebten Mutter Erisgen verblassen.

Viele Ritter warben um ihre Gunst. Sie aber liebte den jungen Prinzen von Aquitanien und sie wurden ein Paar.

Uumar weihte die beiden vor der Hochzeit in das Geheimnis der Geburts Aylills ein: ›Du bist die Tochter der Königin des Rheins.‹

75

Und dann erzählt der Barde Uumar von seiner Liebe zu Aylill und die wunderbaren Melodien überfluteten das Brautpaar und öffneten ihre Herzen für die wirkliche ewige Liebe.

Alles war wohl getan.

Längst hatten die Römer die hohen Schneeberge überquert und waren auch an den Untersee gekommen.

Ein grausamer Krieg entspann sich. Die Kelten waren in ihrer kindlichen freudigen Tapferkeit den geordneten Heeren der Römer nicht gewachsen und verließen diese Welt mit einem Lächeln.

Einer der römischen Feldherren nahm sein Quartier in der wunderschönen Residenz von Erisgen. Weil er ein Schöngeist und Philosoph war, gefiel ihm dieses mitten im Wasser gelegene Eiland ganz besonders.

Erisgen hatte alle ihre Schülerinnen nach Hause geschickt; es waren nur noch die Bauern auf der Insel, das Haus war leer.

Sie hatte sich in eine Eule verwandelt und Nacht für Nacht hallten ihre unheilvollen Rufe über die Insel.

Der römische Feldherr fühlte sich mehr und mehr gestört und lauerte diesem unheimlichen Störenfried auf, um ihn ins Jenseits zu befördern, was ihm auch eines Tages gelang. Als die Eule wieder ihr Klagelied über die Insel anstimmte, traf ein Pfeil des Feldherrn sie mitten ins Herz. Doch statt einer Eule fiel eine schöne Frau mit einem Pfeil im Herzen vor seine Füße, die ihn erstaunt aus ihren unendlich tiefen Augen anblickte, bis das Leben aus ihrem Körper wich.

Die ganze Nacht saß der Römer vor dem leblosen Körper

dieser Frau, die in überirdischer Schönheit vor ihm lag. Und er beklagte sein Tun.

Ihm wurde bewusst, dass die Römer zwar große Kriege gewinnen und die halbe Erde beherrschen konnten, aber sie waren keine Zauberer wie die Kelten, wie diese Frau, die er nun getötet hatte.

Im Tod wandelte Erisgen diesen römischen Feldherrn und seine Seele erwachte.

Dieses, meine Lieben in Norwegen und ihr hier in der Schweiz, war die Geschichte von Aylill, der Königin des Rheins, die immer noch hier lebt und wirkt, und Uumar und Erisgen.

Wollen wir es für heute genug sein lassen.

Ich wünsche euch allen eine gesegnete Nacht!«

Sie blickte hinunter zu Finn und sagte: »Wie schön, Finn, dass du den Mut gehabt hast, zu uns zu kommen. Du hast eine Verbindung geschaffen, ein Tor zu den Naturwesen in Norwegen! Wir sind dir sehr dankbar.«

Und von Norwegen kam der Ruf: »Wir auch.«

Finn lächelte glücklich vor sich hin, das Licht im Stein erlosch und alle erhoben sich, um in ihr Reich zu gehen.

Finn lag noch lange wach und ihm wurde klar, dass er seine Sehnsucht nach dem Flamdal meistern musste. In dem Moment spürte er die Berührung der Lärchenfrau, die flüsternd fragte: »Schläfst du schon?«

»Nein, ich denke nach«, antwortete er ebenso flüsternd.

»Das ist gut, mein lieber Finn. Ich möchte dich bitten, bei uns

77

zu bleiben. Du bist so jung und stark. Wenn ich meinen eigenen Baum und unsere Bäume und ihren Zustand betrachte, weiß ich nicht, wie lange wir noch leben. Es würde mich sehr beruhigen, dich hier zu wissen! So könnten wir gemeinsam Kräfte aus der noch heilen norwegischen Naturwelt hierher zu uns holen. Wärest du bereit, dieses Opfer zu bringen? Wir können das Tor zum Norden gar nicht weit genug öffnen. Mit deiner Hilfe wird es gelingen, durch deine Intelligenz, mein gesegneter Troll. Wir alle lieben dich und Fräulein Kunterbunt wird dich glücklich machen.«

Damit verschwand die Lärchenfrau in ihrem Baum.

Finn konnte noch lange nicht schlafen, zu viel war in seinem Leben geschehen, seitdem die Filmleute in sein heiliges Tal in Norwegen eingebrochen waren.

Nun war er hier in der Schweiz im Garten der Grübchenfrau; er blickte hoch zu ihrem Fenster, aus dem sanftes Licht herunterschien. Ob sie wohl von dem Geschehen im Garten etwas ahnte? Ob sie deshalb noch wach war?

Er konnte ja auch sie nicht verlassen. Sie hatte ihn hierher gebracht und er wusste auch, dass sie ihn wieder zurückbrächte, wenn er sie bitten würde.

Doch wollte er das überhaupt noch?

Sein Blick ging zum Baum der Lärchenfrau, aber sie schlief.

»Ich bin zwar nur ein Troll, aber mit Intelligenz gesegnet«, sagte er leise vor sich hin. »Ich werde hier bleiben und weiter studieren, was das Leben mir so bringt. Und was immer es sein wird, es wird gut sein. So werde ich es einfach sehen. Alles wird gut werden.«

Und mit einem tiefen Seufzer der Erleichterung legte er sein struppiges Haupt ins Gras und schlief zufrieden ein.

Der Frieden der Nacht senkte sich über den Garten.

Der Stern der Venus leuchtete über die Erde und die Engel lächelten.

Alles ist gut. So, wie es ist.

Inhalt